패턴으로 배우는 일본어 입문

Pattern

공저 윤상실 · 이미숙 · 미야자키 사토코

MP3
무료다운로드
www.jncbms.co.kr

제이앤씨
Publishing Company

패턴 Pattern 으로
배우는
일본어
입문

머리말

의사소통의 가장 대표적 수단은 언어일 것입니다. 오늘날과 같은 글로벌 시대를 살아가는 우리들은 모어는 물론 외국어로의 원활한 의사소통 능력을 겸비하도록 요구하는 사회에 살고 있습니다. 역사적 지리적 관계에서뿐만 아니라 문화적 교류의 활성화에 따른 일본어 학습의 니즈가 증대되고 있는 가운데, 다양한 학습목적에 부응하는 다양한 교재의 필요성이 대두되고 있다고 하겠습니다.

이 책은 일본어 초보 학습자용이라는 점에서 기존의 많은 교재 류와 같은 선상에 있습니다. 하지만 요즘 주류를 이루고 있는 대화체 본문과 그 문맥 파악을 전제로 한 교재와는 차별화하여 주요 패턴을 중심으로 한 기초 어휘 및 표현 연습에 중점을 둔 교재 작성을 목표로 했습니다. 일본어 학습을 처음 시작하는 초보 학습자가 보다 쉽게 일본어에 접근할 수 있는 방편의 하나로 생각하기 때문입니다.

우선 주요 [패턴]을 중심으로 실생활에서 자주 사용되는 어휘와 표현을 담고, 다음으로 패턴을 잘 숙지할 수 있도록 문법 사항의 주요 [포인트]와 [Tip]도 제시하였습니다. 또한 각 과에서 익힌 내용의 숙지 여부를 확인하기 위하여 [연습문제]도 함께 실었습니다. 종합적으로는 [패턴]에서 시작해서 [작문]까지 도전할 수 있는 교재 작성을 염두에 두었습니다. 언어 연구자들에 의하면, 외국어 학습에서는 결국 학습자의 보유 어휘량이 그 언어 실력을 좌우한다고 합니다. [관련어휘 More]에 제시된 단어와 어구도 잘 활용한다면 일본어를 한층 재미있게 학습할 수 있으리라 생각합니다.

마지막으로 이 책이 나오기까지 열과 성을 다해 도와주신 이지현(유한대 강사), 이재은(유한대 강사)선생님, 제이앤씨 관계자 여러분께도 감사의 뜻을 전하고 싶습니다.

2010. 7

저자 일동

Contents

일본어의 문자와 발음

일본은 중국의 한자음을 빌어 표기해 오다가, 10세기경에 이르러 한자를 변형 또는 생략하여 표기하기 시작했다. 이것이 바로 가나인데, 글자체에 의해 히라가나(平仮名)와 가타카나(片仮名)로 구분된다. 히라가나는 한자의 초서체를 간략화하여 만든 것이며, 가타카나는 한자의 일부를 생략하여 단순화한 것이다. 일반적으로 히라가나를 사용하며, 가타카나는 외래어, 의성어・의태어, 동・식물명 등에 사용한다.

기본적으로 가나 한 글자로 표기되는 일본어의 음절을, 공통의 발음을 갖는 단(段)과 행(行)별로 배열한 것이 오십음도(五十音図)이다. 현대에는 동일한 발음이 소멸되면서 45개의 가나가 남아있다. 오십음도에 등장하는 45개의 청음과 더불어 20개의 탁음(濁音), 5개의 반탁음(半濁音), 복합음인 33개의 요음(拗音)이 있다. 특수음인 발음(撥音)과 촉음(促音), 장음(長音) 등을 합하여 약 110여 개의 음절을 갖는다.

1. 가나 (仮名)

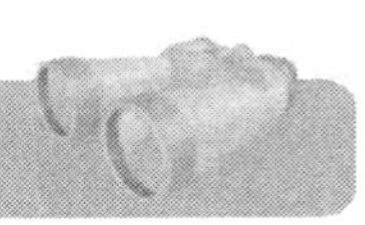

1) 청음 (清音 : 맑은 소리)

청음은 모음만으로 이루어진 다섯 자(あ, い, う, え, お)와 반모음 네 자(や, ゆ, よ와 わ)를 제외하고는 「자음+모음」으로 이루어진다. 모음이 동일한 줄을 단(段)(예를 들어, 「あ, か, さ, た…」는 あ단)이라 하고, 자음이 동일한 줄을 행(行)(예를 들어, 「か, き, く, け, こ」는 か행)이라 부른다.

■ 히라가나 청음

행 / 단	あ [Ø]	か [k]	さ [s]	た [t]	な [n]	は [h]	ま [m]	や [y]	ら [r]	わ [w]
あ [a]	あ	か	さ	た	な	は	ま	や	ら	わ
	a	ka	sa	ta	na	ha	ma	ya	ra	wa
い [i]	い	き	し	ち	に	ひ	み		り	
	i	ki	shi	chi	ni	hi	mi		ri	
う [u]	う	く	す	つ	ぬ	ふ	む	ゆ	る	
	u	ku	su	tsu	nu	hu	mu	yu	ru	
え [e]	え	け	せ	て	ね	へ	め		れ	
	e	ke	se	te	ne	he	me		re	
お [o]	お	こ	そ	と	の	ほ	も	よ	ろ	を
	o	ko	so	to	no	ho	mo	yo	ro	o
										ん
										N

■ 가타카나 청음

행 / 단	ア [Ø]	カ [k]	サ [s]	タ [t]	ナ [n]	ハ [h]	マ [m]	ヤ [y]	ラ [r]	ワ [w]
ア [a]	ア	カ	サ	タ	ナ	ハ	マ	ヤ	ラ	ワ
	a	ka	sa	ta	na	ha	ma	ya	ra	wa
イ [i]	イ	キ	シ	チ	ニ	ヒ	ミ		リ	
	i	ki	shi	chi	ni	hi	mi		ri	
ウ [u]	ウ	ク	ス	ツ	ヌ	フ	ム	ユ	ル	
	u	ku	su	tsu	nu	hu	mu	yu	ru	
エ [e]	エ	ケ	セ	テ	ネ	ヘ	メ		レ	
	e	ke	se	te	ne	he	me		re	
オ [o]	オ	コ	ソ	ト	ノ	ホ	モ	ヨ	ロ	ヲ
	o	ko	so	to	no	ho	mo	yo	ro	o
										ン
										N

(음영처리한 부분은 현대에 이르러 발음이 변화한 경우이다.)

2) **탁음**(濁音 : 흐린 소리), **반탁음**(半濁音 : 반 흐린 소리)

탁음은 「か」행, 「さ」행, 「た」행, 「は」행의 청음과 혀의 위치는 같으나 성대를 울려내는 음으로, 글자의 오른쪽 위에 탁점(゛)을 찍어 나타낸다. 반탁음은 「ば」행과 같이 입술을 벌려 소리를 내되 성대를 울리지 않는 음으로, 글자의 오른쪽 위에 반탁점(゜)을 찍어 나타낸다.

히라가나 탁음, 반탁음

행/단	탁 음				반탁음
	が [g]	ざ [z]	だ [d]	ば [b]	ぱ [p]
あ [a]	が	ざ	だ	ば	ぱ
	ga	za	da	ba	pa
い [i]	ぎ	じ	ぢ	び	ぴ
	gi	zi	zi	bi	pi
う [i]	ぐ	ず	づ	ぶ	ぷ
	gu	zu	zu	bu	pu
え [e]	げ	ぜ	で	べ	ぺ
	ge	ze	de	be	pe
お [o]	ご	ぞ	ど	ぼ	ぽ
	go	zo	do	bo	po

가타카나 탁음, 반탁음

행/단	탁 음				반탁음
	ガ [g]	ザ [z]	ダ [d]	バ [b]	パ [p]
ア [a]	ガ	ザ	ダ	バ	パ
	ga	za	da	ba	pa
イ [i]	ギ	ジ	ヂ	ビ	ピ
	gi	zi	zi	bi	pi
ウ [u]	グ	ズ	ヅ	ブ	プ
	gu	zu	zu	bu	pu
エ [e]	ゲ	ゼ	デ	ベ	ペ
	ge	ze	de	be	pe
オ [o]	ゴ	ゾ	ド	ボ	ポ
	go	zo	do	bo	po

(음영처리한 부분은 현대에 이르러 발음이 변화한 경우이다.)

3) 요음(拗音)

요음은 「き, し, ち……」와 같은 「い」단음(단, 「い」는 제외)에 반모음 [y]가 붙고, 모음 [a][u][o]와 조합하여 발음되는 복합음이다. 표기는 「きゃ, きゅ, きょ」와 같이 앞 글자에 작게 붙여 쓴다.

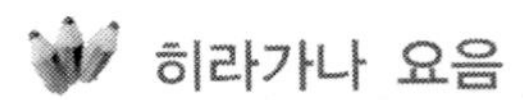

히라가나 요음

단 \ 행	か [ky]	さ [sy]	た [ty]	な [ny]	は [hy]	ま [my]	ら [ry]	が [gy]	ざ [za]	だ [dy]	ば [by]	ぱ [py]
あ [a]	きゃ	しゃ	ちゃ	にゃ	ひゃ	みゃ	りゃ	ぎゃ	じゃ	ぢゃ	びゃ	ぴゃ
	kya	sya	cha	nya	hya	mya	rya	gya	zya	zya	bya	pya
う [u]	きゅ	しゅ	ちゅ	にゅ	ひゅ	みゅ	りゅ	ぎゅ	じゅ	ぢゅ	びゅ	ぴゅ
	kyu	syu	chu	nyu	hyu	myu	ryu	gyu	zyu	zyu	byu	pyu
お [o]	きょ	しょ	ちょ	にょ	ひょ	みょ	りょ	ぎょ	じょ	ぢょ	びょ	ぴょ
	kyo	syo	cho	nyo	hyo	myo	ryo	gyo	zyo	zyo	byo	pyo

가타카나 요음

단 \ 행	カ [ky]	サ [sy]	タ [ty]	ナ [ny]	ハ [hy]	マ [my]	ラ [ry]	ガ [gy]	ザ [zya]	ダ [dy]	バ [by]	パ [py]
ア [a]	キャ	シャ	チャ	ニャ	ヒャ	ミャ	リャ	ギャ	ジャ	ヂャ	ビャ	ピャ
	kya	sya	cha	nya	hya	mya	rya	gya	zya	zya	bya	pya
ウ [u]	キュ	シュ	チュ	ニュ	ヒュ	ミュ	リュ	ギュ	ジュ	ヂュ	ビュ	ピュ
	kyu	syu	chu	nyu	hyu	myu	ryu	gyu	zyu	zyu	byu	pyu
オ [o]	キョ	ショ	チョ	ニョ	ヒョ	ミョ	リョ	ギョ	ジョ	ヂョ	ビョ	ピョ
	kyo	syo	cho	nyo	hyo	myo	ryo	gyo	zyo	zyo	byo	pyo

(음영처리한 부분은 현대에 이르러 발음이 변화한 경우이다.)

4) 촉음(促音 : っ)

우리말의 받침과 같은 역할을 하는 음으로, 뒤에 오는 문자의 어두 자음에 동화되어 [k][s][t][p]로 발음된다. 「つ」를 「っ」와 같이 작게 표기하여 앞 글자에 붙여 쓰나, 한 박자를 끌어주어야 한다.

① [k]음 앞에서 [k]로 발음된다.

・いっかい [ikkai] 일층

② [s]음 앞에서 [s]로 발음된다.

・いっさい [issai] 일체

③ [t]음 앞에서 [t]로 발음된다.

・いったい [ittai] 도대체

④ [p]음 앞에서 [p]로 발음된다.

・いっぱい [ippai] 한 잔

5) 발음(撥音 : ん)

우리말 받침 중의 「ㅁ, ㄴ, ㅇ」에 해당되는 음으로, 뒤에 오는 문자의 어두 자음에 동화되어 [m][n][ŋ][N]으로 발음된다. 한 박자를 끌어준다.

① [m][b][p]음 앞에서 [m]으로 발음된다.

・あんま [amma] 안마　・しんぶん [shimbuN] 신문　・かんぱい [kampai] 건배

② [z][t][d][n][r]음 앞에서 [n]으로 발음된다.

・ぐんたい [guntai] 군대　・まんなか [mannaka] 한 가운데　・べんり [benri] 편리

③ [k][g]음 앞에서 [ŋ]으로 발음된다.

・ぎんこう [giŋko:] 은행　・りんご [riŋgo] 사과

④ [a][y][w]음 앞에서나 어말에서 [N]으로 발음된다.

・れんあい [reNai:] 연애　・でんわ [deNwa] 전화　・ほん [hoN] 책

6) 장음(長音)

앞에 오는 모음을 한 박자분 끌어 발음하는 음이다. 우리말에서는 장단음을 구분하지 않으므로 주의해야 한다.

① [a]음 다음에 [あ]가 올 경우 [a:]로 발음된다.

・おかあさん [oka:saN] 어머니

② [i]음 다음에 [い]가 올 경우 [i:]로 발음된다.

・おにいさん [oni:saN] 형/오빠

③ [u]음 다음에 [う]가 올 경우 [u:]로 발음된다.

・くうこう [ku:kou] 공항

④ [e]음 다음에 [え]가 올 경우 [e:]로 발음된다.

・おねえさん [one:saN] 누나/언니

先生(せんせい [seNse:], 선생님), 英語(えいご [e:go], 영어)와 같은 한자어에서는 [e]음 다음의 「い」는 [e:]로 발음한다.

⑤ [o]음 다음에 [う]가 올 경우 [o:]로 발음된다.

・おとうさん [oto:saN] 아버지

그 밖에 다음 단어와 같이 [o]음 다음에 [お]가 오는 경우에도 [o:]로 발음된다.

・おおい [o:i] 많다　・とおい [to:i] 멀다

2. 한자(漢字)

1) 표기 : 일본어의 한자는 신자체(약자체)를 사용한다.

	국	학	청
신자체	国	学	青
구자체	國	學	靑

2) 발음 : 일본어의 한자읽기는 원음의 소리(音)에 따른 음독(音読)과 뜻(訓)으로 읽는 훈독(訓読)이 있다.

	国	花	韓国	母親
음 독	こく	か	かんこく	—
훈 독	くに	はな	—	ははおや

두 자 이상의 한자어는 「韓(かん)+国(こく)」와 같이 「음+음」으로 읽거나, 「母(はは)+親(おや)」와 같이 「훈+훈」으로 읽는 경우 외에, 「身(み)+分(ぶん)」과 같이 「훈+음」으로 섞어 읽는 경우도 있다.

私は1年生です

LESSON

01

私は1年生です

패턴 pattern

1 ~は ~です

① 私(わたし)は1年生(いちねんせい)です。

② 趣味(しゅみ)はジョギングです。

③ 金(キム)さんは大学生(だいがくせい)です。

2 ~は ~ではありません

① 兄(あに)は学生(がくせい)ではありません。

② 専攻(せんこう)は日本語(にほんご)ではありません。

③ スミスさんはアメリカ人(じん)ではありません。

3 ~は ~で、~です

① リンさんは中国人(ちゅうごくじん)で、留学生(りゅうがくせい)です。

② 朴(パク)さんは英文科(えいぶんか)の3年生(さんねんせい)で、私の友達(ともだち)です。

③ 吉田(よしだ)さんは会話(かいわ)の先生(せんせい)で、日本人(にほんじん)です。

~は ~でした

① 昨日(きのう)は私の誕生日(たんじょうび)でした。

② 先週(せんしゅう)はテスト期間(きかん)でした。

③ 祖父(そふ)は医者(いしゃ)でした。

~は ~ではありませんでした

① 去年(きょねん)は大学生ではありませんでした。

② おとといは休日(きゅうじつ)ではありませんでした。

③ 小林(こばやし)さんは課長(かちょう)ではありませんでした。

私(わたし/わたくし) 나, 저	1年生(いちねんせい) 1학년	趣味(しゅみ) 취미
ジョギング 조깅	大学生(だいがくせい) 대학생	兄(あに) 형, 오빠
学生(がくせい) 학생	専攻(せんこう) 전공	日本語(にほんご) 일본어
アメリカ人(じん) 미국인	中国人(ちゅうごくじん) 중국인	留学生(りゅうがくせい) 유학생
英文科(えいぶんか) 영문과	友達(ともだち) 친구	会話(かいわ) 회화
先生(せんせい) 선생님	日本人(にほんじん) 일본인	昨日(きのう) 어제
誕生日(たんじょうび) 생일	先週(せんしゅう) 지난주	テスト 테스트
期間(きかん) 기간	祖父(そふ) 할아버지	医者(いしゃ) 의사
去年(きょねん) 작년	おととい 그저께	休日(きゅうじつ) 휴일
課長(かちょう) 과장		

포 인 트 point

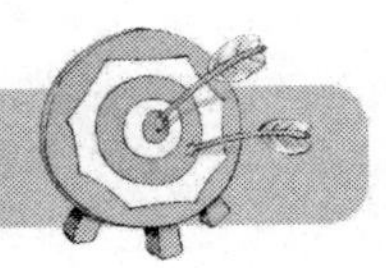

1 ～は ～です

「～です(입니다)」는 명사류에 접속되어 정중한 단정을 나타낸다. 「～は(은/는)」는 앞에 든 주제에 대한 설명을 할 때 사용된다.

私(わたし)は1年生(いちねんせい)です。 나는 1학년입니다.

2 ～は ～ではありません

「～ではありません」은 「～です」의 부정형으로 「～이/가 아닙니다」의 뜻이 된다. 회화체에서는 「～じゃありません」「～じゃないです」가 쓰이기도 한다. 특히 뒤에 나오는 조사 「～が(이/가)」에 이끌려 「～がありません」이라고 하지 않도록 주의해야 한다.

兄(あに)は学生(がくせい)ではありません。 형은 학생이 아닙니다.

3 ～は ～で、～です

명사류를 술어로 하는 두 문을 하나의 문으로 연결시킬 때 사용한다. 「～은/는 ～이고, ～입니다」라는 표현이 된다.

リンさんは中国人(ちゅうごくじん)で、留学生(りゅうがくせい)です。 린씨는 중국인이고 유학생입니다.

4 ～は ～でした

「～でした」는 정중한 단정을 나타내는「～です」의 과거형으로「～(이)었습니다」라는 뜻이 된다.

昨日(きのう)は私の誕生日(たんじょうび)でした。 어제는 내 생일이었습니다.

5 ～は ～ではありませんでした

「～ではありませんでした」는 정중한 단정을 나타내는「～です」의 과거부정형으로「～이/가 아니었습니다」라는 뜻이 된다.

去年(きょねん)は大学生(だいがくせい)ではありませんでした。 작년에는 대학생이 아니었습니다.

명사술어문

	긍 정	부 정
현 재	学生です (학생입니다)	学生ではありません (학생이 아닙니다)
과 거	学生でした (학생이었습니다)	学生ではありませんでした (학생이 아니었습니다)

～は

우리말의 「～은/는」에 해당되는 조사인데, 이 경우 [wa]로 발음한다. 앞의 명사류를 주제로 들 때 사용한다.

❶ 専攻(せんこう)**は**ピアノです。　전공은 피아노입니다.

❷ 父(ちち)**は**高校(こうこう)の教師(きょうし)です。　아버지는 고등학교 교사입니다.

～の ～

명사와 명사를 연결할 때 사용되는 조사로, 소유・소속・앞의 명사와 관련된 사항 등을 나타낸다. 우리말의 「～의」에 해당된다. 우리말에서 「～의」가 생략되거나 쓰이지 않는 경우라도 일본어에서는 반드시 「の」로 연결하는 점에 주의해야 한다.

❶ 友達**の**かばんです。　친구의 가방입니다.

❷ 韓国語(かんこくご)**の**辞書(じしょ)です。　한국어 사전입니다.

～も

동류(同類)의 것을 첨가할 때 사용하며 그밖에도 비슷한 것이 있음을 암시한다. 우리말의 「～도」에 해당된다.

❶ 私の趣味**も**ギターです。　내 취미도 기타입니다.

❷ 朴さん**も**私**も**1年生(いちねんせい)です。　박혜리씨도 나도 1학년입니다.

01 연습문제

1. 보기와 같이 문을 만드세요.

보기 私 / 1年生 (○)
→ 私は1年生です。
私 / 1年生 (×)
→ 私は1年生ではありません。

① 名前(なまえ) / ゆり (○)
➡ ____________________

② 専攻(せんこう) / 経営学(けいえいがく) (×)
➡ ____________________

③ 佐藤(さとう)さん / 友達(ともだち) (○)
➡ ____________________

④ 妹(いもうと) / 中学生(ちゅうがくせい) (×)
➡ ____________________

名前(なまえ) 이름　経営学(けいえいがく) 경영학　妹(いもうと) 여동생
中学生(ちゅうがくせい) 중학생

2. 보기와 같이 주어진 단어의 순서를 바꿔 문을 만들고, 한국어로 바꾸세요.

보기 趣味 / の / です / 私 / は / ジョギング
→ 私の趣味はジョギングです。(내 취미는 조깅입니다.)

1 先生 / ブライアンさん / です / の / は / 英会話(えいかいわ)

➡ ______________________________

(　　　　　　　　　　　　　　　　　　　　)

2 2年生 / では / は / ありません / 金さん

➡ ______________________________

(　　　　　　　　　　　　　　　　　　　　)

3 アヤさん / です / 留学生 / で、/ 2年生 / は

➡ ______________________________

(　　　　　　　　　　　　　　　　　　　　)

4 では / 高校生(こうこうせい) / ありません / 弟 / は / でした

➡ ______________________________

(　　　　　　　　　　　　　　　　　　　　)

英会話(えいかいわ) 영어회화　高校生(こうこうせい) 고등학생　弟(おとうと) 남동생

3. 그림을 보고 보기와 같이 답하세요.

金

보기 경영학과(経営学科)

→ 金さんは経営学科です。

① 컴퓨터학과(コンピュータ学科)

アリ

➡ ________________

リン

② 경제학과(経済学科)

➡ ________________

田中

③ 국문학과(国文学科)

➡ ________________

李

④ 음악학과(音楽学科)

➡ ________________

4. 일본어로 바꾸세요.

① 스미스씨 취미는 축구(サッカー)입니다.

➡ ______________________________

② 제 전공은 일본어가 아닙니다.

➡ ______________________________

③ 민수는 내 동생이고 고등학교 3학년입니다.

➡ ______________________________

④ 린씨도 중국 유학생입니다.

➡ ______________________________

5. 다음 문을 일본어로 작문하세요.

나는 대학생입니다. 한국대학교 2학년이고, 전공은 국문학입니다. 내 남동생은 고등학생이고, 여동생은 중학생입니다. 내 취미는 농구입니다. 남동생의 취미도 농구입니다. 여동생의 취미는 농구가 아닙니다. 인라인 스케이트입니다.

농구 バスケットボール　**인라인 스케이트** インラインスケート

01 관련어휘 More

가족 명칭

	남의 가족을 말할 때 (지칭)	남에게 자기 가족을 말할 때 (지칭)	자기 가족을 부를 때 (호칭)
할아버지	お祖父(じい)さん	祖父(そふ)	お祖父(じい)さん/ちゃん
할머니	お祖母(ばあ)さん	祖母(そぼ)	お祖母(ばあ)さん/ちゃん
아버지	お父(とう)さん	父(ちち)	お父(とう)さん
어머니	お母(かあ)さん	母(はは)	お母(かあ)さん
형/오빠	お兄(にい)さん	兄(あに)	お兄(にい)さん/ちゃん
누나/언니	お姉(ねえ)さん	姉(あね)	お姉(ねえ)さん/ちゃん
남동생	弟(おとうと)さん	弟(おとうと)	이름, ～君(くん)/ちゃん
여동생	妹(いもうと)さん	妹(いもうと)	이름, ～ちゃん

국명

韓国(かんこく) (한국)　日本(にほん) (일본)　中国(ちゅうごく) (중국)　アメリカ (미국)

カナダ (캐나다)　イギリス (영국)　フランス (프랑스)　ドイツ (독일)

オランダ (네덜란드)　オーストラリア (호주)　ブラジル (브라질)　チリ (칠레)

これは何ですか

LESSON 02

これは何ですか

패턴 pattern

1 (これ/それ/あれ)は 何ですか

① A：これは何(なん)ですか。
B：それはお好(この)み焼(や)きです。

② A：それは何ですか。
B：これはMP 3(エムピースリー)です。

③ A：あれは何ですか。
B：あれは市内(しない)ツアーバスです。

2 (ここ/そこ/あそこ)は 何ですか

① A：ここは何ですか。
B：ここは学生食堂(がくせいしょくどう)です。

② A：そこは何ですか。
B：そこはトイレです。

③ A：あそこは何ですか。
B：あそこは院生(いんせい)のゼミ室(しつ)です。

(この/その/あの)~は ~ですか

① A：この本は何の本ですか。

B：その本は日本語の教科書です。

② A：あの人は誰ですか。

B：あの人は友達のアヤさんです。

③ A：その傘は誰のですか。

B：この傘は先生のです。

~は どこですか

① A：新刊コーナーはどこですか。

B：カウンターの横です。

② A：コピー室はどこですか。

B：売店の後ろです。

③ A：事務室はどこですか。

B：エレベーターの前です。

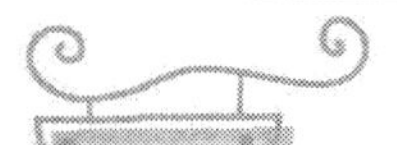

これ 이것	それ 그것	あれ 저것
何(なん/なに) 무엇	お好(この)み焼(や)き 오코노미야키	市内(しない) 시내
ツアーバス 관광버스	ここ 여기, 이곳	そこ 거기, 그곳
あそこ 저기, 저곳	学生食堂(がくせいしょくどう) 학생식당	トイレ 화장실
院生(いんせい) 대학원생	ゼミ室(しつ) 세미나실	この 이
その 그	あの 저	本(ほん) 책
教科書(きょうかしょ) 교과서	人(ひと) 사람	誰(だれ) 누구
どこ 어디	新刊(しんかん)コーナー 신간코너	カウンター 카운터
横(よこ) 옆	コピー室(しつ) 복사실	売店(ばいてん) 매점
後(うし)ろ 뒤	事務室(じむしつ) 사무실	エレベーター 엘리베이터
前(まえ) 앞, 전		

포인트 point

1 (これ/それ/あれ)は 何ですか

「これ, それ, あれ」는 사물의 이름 대신 직접 가리켜 나타내는 지시어이다. 일본어의 지시어는 「こ・そ・あ・ど」와 같은 근칭・중칭・원칭・부정칭의 체계를 갖추고 있어 우리말의 「이・그・저・어느」에 대응된다.

「こ」계열은 화자에 가까운 것을, 「そ」계열은 청자에 가까운 것 또는 화자나 청자로부터 약간 떨어져 있는 것을, 「あ」계열은 화자와 청자 양자로부터 멀리 떨어져 있는 것을 가리킨다. 그리고 「ど」계열은 확실히 정해져 있지 않은 것을 가리킨다.

これ/それ/あれはMP３(エムピースリー)です。 이것/그것/저것은 MP3입니다.

2 (ここ/そこ/あそこ)は 何ですか

장소를 가리키는 지시어 「ここ(여기), そこ(거기), あそこ(저기)」는 「何ですか」와 같이 쓰이면 그 장소의 용도를 묻는 표현이 된다.

ここは学生食堂(がくせいしょくどう)です。 여기는 학생식당입니다.

「そ」계열은 청자에 가까운 것을 가리키는 경우 외에 화자나 청자로부터 약간 떨어져 있는 것을 가리키는 용법이 있는데, 이때는 우리말의 「그」에 대응하지 않고 「저」에 대응하는 점에 주의해야 한다.

そこはトイレです。 저기는 화장실입니다.

3 (この/その/あの)~は ~ですか

항상 명사 앞에 붙어 사용되는 지시어로 「この(이), その(그), あの(저), どの(어느)」가 있다.

この本(ほん)は何の本ですか。 이 책은 무슨 책입니까?

4 ~は どこですか

「どこ」는 위치를 물을 때 사용한다.

新刊(しんかん)コーナーはどこですか。 신간 코너는 어디입니까?

지시어

	근 칭	중 칭	원 칭	부정칭
사 물	これ (이것)	それ (그것)	あれ (저것)	どれ (어느것)
장 소	ここ (여기)	そこ (거기)	あそこ (저기)	どこ (어디)
명사 수식	この~ (이~)	その~ (그~)	あの~ (저~)	どの~ (어느~)

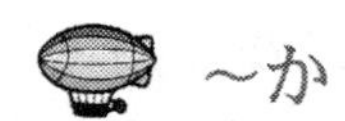

~か

의문을 나타내는 조사로 문말에 붙어 의문문을 만든다.

❶ これは木村(きむら)さんのかばんです**か**。 이것은 기무라씨 가방입니까?

❷ 切符売場(きっぷうりば)はどこです**か**。 매표소는 어디입니까?

~の (もの)

「~の」의 다양한 용법 중의 하나로, 「~のもの」의 「もの(것)」가 생략된 것으로 우리말의 「~의 것」으로 해석되는 경우에 사용된다.

❶ その携帯(けいたい)は妹(いもうと)**の**です。 그 휴대폰은 여동생 것입니다.

❷ 佐藤(さとう)さん**の**はどれですか。 사토씨 것은 어느 것입니까?

~の 〈同格〉

「~の」의 다양한 용법 중의 하나로, 「の」의 앞뒤 명사가 동일한 자격을 갖는 경우에 사용된다.

❶ こちらは友達(ともだち)**の**アヤさんです。 이쪽은 친구 아야씨입니다.

❷ あの人は留学生(りゅうがくせい)**の**リンさんです。 저 사람은 유학생 린씨입니다.

02 연습문제

1. 보기와 같이 (　　) 안의 단어를 이용하여 답하세요.

> 보기 A：これは何(なん)ですか。(MP3(エムピースリー))
> B：それはMP3です。

① A：これは何ですか。(喫茶店(きっさてん)のポイントカード)

B：________________

② A：それは何ですか。(日本の納豆(なっとう))

B：________________

③ A：これは何ですか。(電子辞書(でんしじしょ))

B：________________

④ A：あれは何ですか。(病院(びょういん))

B：________________

喫茶店(きっさてん) 찻집　ポイントカード 포인트 카드　納豆(なっとう) 낫토
電子辞書(でんしじしょ) 전자사전　病院(びょういん) 병원

2. 보기와 같이 (　　) 안의 단어를 이용하여 답하세요.

보기　A：ここは何(なん)ですか。(学生食堂(がくせいしょくどう))
　　　B：ここは学生食堂です。

1. A：ここは何ですか。(資料室(しりょうしつ))

   B：______________________

2. A：そこは何ですか。(教室(きょうしつ))

   B：______________________

3. A：あそこは何ですか。(売店(ばいてん))

   B：______________________

4. A：ここは何ですか。(コンピュータ室(しつ))

   B：______________________

資料室(しりょうしつ) 자료실　教室(きょうしつ) 교실　コンピュータ室(しつ) 컴퓨터실

3. 그림을 보고 보기와 같이 답하세요.

보기 A：これは何ですか。
B：<u>それは日本語の本です</u>。

①

A：これは何ですか。

B：

②

A：それは何ですか。

B：

③

A：あれは何ですか。

B：

手帳(てちょう) 수첩　　計算機(けいさんき) 계산기　　アルバム 앨범

4. 일본어로 바꾸세요.

1. 꽃집(花屋(はなや))은 슈퍼(スーパー) 옆입니다.

   ➡

2. 화장실은 어딥니까?

   ➡

3. 이 볼펜(ボールペン)은 누구 것입니까?

   ➡

4. 그것은 무슨 케이크(ケーキ)에요?

   ➡

5. 다음 문장을 일본어로 작문하세요.

저 사람은 진(チン)씨입니다. 한국인이 아닙니다. 중국 유학생이고 경영학과 3학년입니다. 그 옆 사람도 유학생입니다. 기무라(木村)씨이고 진씨 친구입니다. 기무라씨 전공은 한국어입니다.

옆 隣(となり)　**한국어** 韓国語(かんこくご)

02 관련어휘 More

사무용품

ノート (노트)	鉛筆（えんぴつ） (연필)	ボールペン (볼펜)
シャープペンシル (샤프)	筆箱（ふでばこ） (필통)	はさみ (가위)
のり (풀)	ホチキス (호치키스)	消（け）しゴム (지우개)
じょうぎ (자)	修正（しゅうせい）テープ (수정테이프)	クリップ (클립)

학교 건물

図書館（としょかん） (도서관)	本館（ほんかん） (본관)	体育館（たいいくかん） (체육관)
学生会館（がくせいかいかん） (학생회관)	学生食堂（がくせいしょくどう） (학생식당)	学生寮（がくせいりょう） (학생기숙사)

관공서 등

市役所（しやくしょ） (시청)	交番（こうばん） (파출소)	保健所（ほけんじょ） (보건소)
病院（びょういん） (병원)	郵便局（ゆうびんきょく） (우체국)	銀行（ぎんこう） (은행)
空港（くうこう） (공항)	駅（えき） (역)	入国管理局（にゅうこくかんりきょく） (입국관리국)

机の上に本とノートがあります

LESSON

03 机の上に本とノートがあります

패턴 pattern

1 ～に ～が あります/います

① 机(つくえ)の上(うえ)に本(ほん)とノートがあります。

② 家(いえ)の前(まえ)にコンビニや花屋(はなや)などがあります。

③ 箱(はこ)の中(なか)に猫(ねこ)がいます。

④ 木(き)の下(した)に子供(こども)がいます。

2 ～に ～は ありません/いません

① この公園(こうえん)に売店(ばいてん)はありません。

② 机の上にはさみはありません。

③ バスの中に外国人(がいこくじん)はいません。

④ 部屋(へや)の中に人(ひと)はいません。

3 ～は ～に あります/います

① リモコンはソファーの上にあります。

② 事務室(じむしつ)は2階(にかい)にあります。

③ 子供は木の下にいます。

④ 先生は研究室(けんきゅうしつ)にいます。

～は どこにあります/いますか

① A：トイレはどこにありますか。
　B：あそこにあります。
② A：バス停(てい)はどこにありますか。
　B：正門(せいもん)の前にあります。
③ A：お父(とう)さんはどこにいますか。
　B：キッチンにいます。

机(つくえ) 책상
ノート 노트
コンビニ 편의점
猫(ねこ) 고양이
公園(こうえん) 공원
部屋(へや) 방
～階(かい) ～층
正門(せいもん) 정문
上(うえ) 위
あります (사물/식물)있습니다
箱(はこ) 상자
下(した) 밑, 아래
はさみ 가위
リモコン 리모컨
研究室(けんきゅうしつ) 연구실
キッチン 부엌, 주방
家(いえ) 집
います (사람/동물)있습니다
中(なか) 안, 속
子供(こども) 아이, 어린이
外国人(がいこくじん) 외국인
ソファー 소파
バス停(てい) 버스정류장

포인트 point

1 ～に ～が あります/います

「あります/います」는 존재를 나타내는 동사로, 우리말의 「있습니다」에 해당된다. 일본어는 우리말과 달리 「あります」와 「います」와 같은 두 종류의 존재동사를 사용하는데, 존재하는 주체가 동작성을 갖는지 아닌지에 따라 구별한다. 「あります」는 사물, 식물과 같이 동작성이 없는 주체, 「います」는 사람, 동물과 같이 동작성을 갖는 주체의 존재를 나타낸다. 조사 「～に(에)」는 존재하는 위치, 장소를 나타내고, 「～が(이/가)」는 존재하는 주체(주어)를 나타내서, 「～에 ～이/가 있습니다」라는 표현이 된다.

机の上に本があります。　책상 위에 책이 있습니다.
箱の中に猫がいます。　상자 안에 고양이가 있습니다.

机の上(책상 위)와 같이 다른 명사와의 위치 관계를 나타내는 명사로는 「下(아래), 中(안), 外(밖), 前(앞), 後ろ(뒤), 横(옆), 隣(옆, 이웃), 向こう(건너편)」 등이 있다.

2 ～に ～は ありません/いません

존재하지 않는 것을 나타내는 부정형 「ありません/いません(없습니다)」의 경우도 「あります/います」와 같은 기준에 의하여 구별해 사용한다. 단, 부정형의 경우는 조사 「～は(은/는)」를 수반하는 경우가 많으며, 「～에 ～은/는 없습니다」라는 표현이 된다.

この公園に売店はありません。　이 공원에 매점은 없습니다.
バスの中に外国人はいません。　버스 안에 외국인은 없습니다.

3 ~は ~に あります/います

조사 「~は」를 사용한 존재문이다. 「~は(은/는)」는 주제를 나타낸다.

リモコンはソファーの上にあります。 리모컨은 소파 위에 있습니다.

子供は木の下にいます。 아이는 나무 밑에 있습니다.

4 ~は どこにあります/いますか

의문사 「どこ」를 사용하여 존재하는 위치, 장소를 묻는 표현이다.

トイレはどこにありますか。 화장실은 어디에 있습니까?

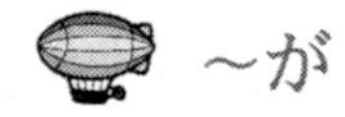

~が

주체, 주어를 나타낸다.

❶ どの学生が留学生ですか。　어느 학생이 유학생입니까?

❷ あの人が田中さんです。　저 사람이 다나카씨입니다.

~は

주제를 나타낸다. 다른 것과 구별하여 특별히 강조할 때 사용한다.

❶ 電話はあります。　전화는 있습니다.

❷ 犬はいません。　개는 없습니다.

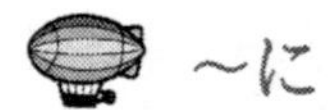

~に

존재하는 위치, 장소를 나타낸다.

❶ 居間にソファーがあります。　거실에 소파가 있습니다.

❷ 椅子の上に猫がいます。　의자 위에 고양이가 있습니다.

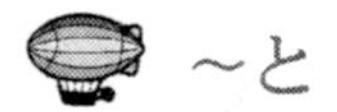

~と

하나 이상의 사물, 사항을 열거할 때 사용한다. 전부를 열거한다는 뉘앙스를 띈다.

❶ 机(つくえ)の上に本**と**ノートがあります。 책상 위에 책과 노트가 있습니다.

❷ 田中(たなか)さん**と**金さんは教室(きょうしつ)の中(なか)にいます。 다나카씨와 김민호씨는 교실 안에 있습니다.

~や ~など

「~や」는 「~など」와 자주 함께 쓰여 「~(이)랑 ~등」과 같이 복수의 사물, 사항을 열거할 때 사용한다. 열거한 것 외에도 또 있다는 뜻을 내포하고 있는 점에서, 있는 것 전부를 열거한다는 뉘앙스를 갖는 「~と(와/과)」와 차이가 있다.

❶ かばんの中には鍵(かぎ)**や**眼鏡(めがね)**など**があります。 가방 안에는 열쇠랑 안경 등이 있습니다.

❷ 動物園(どうぶつえん)には象(ぞう)**や**キリン**など**がいます。 동물원에는 코끼리랑 기린 등이 있습니다.

03 연습문제

1. 보기와 같이 문을 만드세요.

> 보기　机 / 上 / 本 (○)　→　机の上に本があります。
> 教室 / 中 / 猫 (×)　→　教室の中に猫はいません。

① かばん / 中 / ティッシュ (○)

➡ ______________________________

② ベッド / 上 / ノート (×)

➡ ______________________________

③ 大学(だいがく) / 前 / 飲(の)み屋(や) (×)

➡ ______________________________

④ 椅子(いす) / 下 / 犬(いぬ) (○)

➡ ______________________________

かばん 가방	ティッシュ 티슈	大学(だいがく) 대학
飲(の)み屋(や) 술집	椅子(いす) 의자	犬(いぬ) 개

2. (　　) 안에 히라가나를 한자씩 넣어 문을 완성하세요.

① 部屋(へや)(　　)兄(あに)(　　)弟(おとうと)(　　)います。

② うちにペット(　　)いません。

③ 郵便局(ゆうびんきょく)(　　)中(なか)(　　)自動販売機(じどうはんばいき)(　　)ありません。

④ 冷蔵庫(れいぞうこ)(　　)牛乳(ぎゅうにゅう)(　　)果物(くだもの)(　　)(　　)(　　)あります。

うち 우리집　ペット 애완용 동물　自動販売機(じどうはんばいき) 자동판매기
冷蔵庫(れいぞうこ) 냉장고　牛乳(ぎゅうにゅう) 우유　果物(くだもの) 과일

3. 그림을 보고 문을 완성하세요.

① 部屋の中に人は ________________

② テーブルの ________ に花(はな)が ________________

③ 椅子(いす)の ________ に猫が ________________

④ ベットの横(よこ)に ________________

⑤ かばんは ________________

テーブル 테이블　　　花(はな) 꽃

4. 일본어로 바꾸세요.

① 컴퓨터 옆에 프린터(プリンター)가 있습니다.

➡ ______________________________

② 여동생은 방안에 있습니다.

➡ ______________________________

③ 집 근처(近(ちか)く)에 편의점이 있습니까?

➡ ______________________________

④ 열쇠(鍵(かぎ))는 서랍(引(ひ)き出(だ)し) 안에 있습니다.

➡ ______________________________

5. 다음 문장을 일본어로 작문하세요.

여기는 원룸맨션입니다. 방과 부엌과 목욕탕이 있습니다. 방에는 침대와 텔레비전과 책상 등이 있습니다. 침대는 창문 옆에 있습니다. 소파는 없습니다. 냉장고는 부엌에 있습니다.

원룸맨션 ワンルームマンション　**목욕탕** お風呂(ふろ)　**텔레비전** テレビ
창문 窓(まど)　**옆** そば

03 관련어휘 More

교육기관

- 幼稚園(ようちえん) (유치원)
- 小学校(しょうがっこう) (초등학교)
- 中学校(ちゅうがっこう) (중학교)
- 高等学校(こうとうがっこう)/高校(こうこう) (고등학교)
- 大学(だいがく) (대학교)
- 大学院(だいがくいん) (대학원)

학교시설

- 講義室(こうぎしつ) (강의실)
- 研究室(けんきゅうしつ) (연구실)
- 事務室(じむしつ) (사무실)
- ゼミ室(しつ) (세미나실)
- コピー室(しつ) (복사실)
- 売店(ばいてん) (매점)
- お手洗(てあら)い (화장실)
- 講堂(こうどう) (강당)
- 保健(ほけん)センター (보건센터)

가구・가전

- 机(つくえ) (책상)
- 椅子(いす) (의자)
- ソファー (소파)
- たんす (장롱, 옷장)
- ベッド (침대)
- テーブル (테이블)
- テレビ (텔레비전)
- 冷蔵庫(れいぞうこ) (냉장고)
- 電子(でんし)レンジ (전자레인지)

MEMO

今、何時ですか

LESSON 04

今、何時ですか

패턴 pattern

~(は) 何時ですか

① A：今(いま)、何時(なんじ)ですか。
B：ちょうど1時(いちじ)です。

② A：出発時間(しゅっぱつじかん)は何時ですか。
B：午前9時(ごぜんくじ)です。

③ A：コンパは何時からですか。
B：午後6時(ごごろくじ)からです。

~は 何番ですか

① A：受験番号(じゅけんばんごう)は何番(なんばん)ですか。
B：128番(ひゃくにじゅうはちばん)です。

② A：鈴木(すずき)さんの携帯(けいたい)は何番ですか。
B：010-914-1755(ぜろいちぜろのきゅういちよんのいちななごご)です。

③ A：新村(シンチョン)行(ゆ)きのバスは何番ですか。
B：7713(なななないちさん)です。

～は いつ/何曜日ですか

① A：中間(ちゅうかん)テストはいつですか。
　B：来週(らいしゅう)です。
② A：大学祭(だいがくさい)はいつまでですか。
　B：あしたまでです。
③ A：今日(きょう)は何曜日(なんようび)ですか。
　B：火曜日(かようび)です。
④ A：休(やす)みは何曜日ですか。
　B：土曜日(どようび)と日曜日(にちようび)です。

～は 何月何日ですか

① A：誕生日(たんじょうび)は何月何日(なんがつなんにち)ですか。
　B：9月(くがつ)20日(はつか)です。
② A：子供(こども)の日(ひ)は何月何日ですか。
　B：5月(ごがつ)5日(いつか)です。
③ A：日本語能力試験(にほんごのうりょくしけん)は何月何日ですか。
　B：7月(しちがつ)4日(よっか)です。

何時(なんじ) 몇 시
今(いま) 지금
ちょうど 정확히, 정각
出発時間(しゅっぱつじかん) 출발시간
午前(ごぜん) 오전
コンパ 친목모임
午後(ごご) 오후
何番(なんばん) 몇 번
受験番号(じゅけんばんごう) 수험번호
携帯(けいたい) 휴대전화
行(ゆ)き ~행
いつ 언제
何曜日(なんようび) 무슨 요일
中間(ちゅうかん)テスト 중간고사
来週(らいしゅう) 다음주
大学祭(だいがくさい) 대학 축제
あした 내일
今日(きょう) 오늘
火曜日(かようび) 화요일
休(やす)み 휴일, 휴식
土曜日(どようび) 토요일
日曜日(にちようび) 일요일
何月(なんがつ) 몇 월
何日(なんにち) 며칠
子供(こども)の日(ひ) 어린이날
日本語能力試験(にほんごのうりょくしけん) 일본어능력시험

1 ~(は) 何時ですか

시간을 묻는 표현이다.

今(いま)、何時ですか。 지금 몇 시 입니까?

시각의 「~時(시)」는 한수사 계열을 사용하는 점에서 고유어 계열을 사용하는 우리 말과 차이가 있다.

	1	2	3	4	5	6	7	8
~時	いちじ	にじ	さんじ	よじ	ごじ	ろくじ	しちじ	はちじ
~分	いっぷん	にふん	さんぷん	よんぷん	ごふん	ろっぷん	ななふん	はっぷん

	9	10	11	12	何
~時	くじ	じゅうじ	じゅういちじ	じゅうにじ	なんじ
~分	きゅうふん	じっぷん じゅっぷん	じゅういっぷん	じゅうにふん	なんぷん

그 밖에 시간 관련 단어로는 다음과 같은 것이 있다.

午前(ごぜん) (오전)　午後(ごご) (오후)　ちょうど (정각)
~前(まえ) (전)　~過(す)ぎ (지남)　~半(はん) (반)

2 ~は 何番ですか

번호를 묻는 표현이다.

受験番号(じゅけんばんごう)は何番(なんばん)ですか。 수험번호는 몇 번입니까?

수량을 나타내는 일본어의 수사(数詞)는 한수사 계열과 고유어수사 계열의 두 종류가 있다. 1에서 10까지는 다음과 같이 구별하나, 11 이후의 숫자에서는 구별하지 않고 한수사 계열의 수사를 쓴다.

	1	2	3	4	5	6	7	8	9	10
한수사	一 いち	二 に	三 さん	四 し	五 ご	六 ろく	七 しち	八 はち	九 く/きゅう	十 じゅう
고유어 수사	一つ ひとつ	二つ ふたつ	三つ みっつ	四つ よっつ	五つ いつつ	六つ むっつ	七つ ななつ	八つ やっつ	九つ ここのつ	十 とお

「四」는 「よん/よ」, 「七」는 「なな」와 같이 고유어 수사가 함께 사용된다.

	11	···	100	1,000	10,000
한수사	十一 じゅういち	··· ···	百 ひゃく	千 せん	(一)万 (いち)まん

3 ~は いつ/何曜日ですか

「언제」 또는 「요일」을 묻는 표현이다.

A：中間(ちゅうかん)テストはいつですか。 중간시험은 언제입니까?

B：来週(らいしゅう)です。 다음 주입니다.

A：今日(きょう)は何曜日(なんようび)ですか。　　오늘은 무슨 요일 입니까?

B：火曜日(かようび)です。　　화요일입니다.

「이번~, 지난~, 지지난~, 다음~, 다다음~」의 뜻을 부가하는 시간 관련 표현으로는 다음과 같은 것이 있다.

일, 주, 월, 년

	과거		현재	미래	
日(일)	おととい 一昨日 (그저께)	きのう 昨日 (어제)	きょう 今日 (오늘)	あした/あす 明日 (내일)	あさって 明後日 (모레)
週(주)	せんせんしゅう 先々週 (지지난 주)	せんしゅう 先週 (지난 주)	こんしゅう 今週 (이번 주)	らいしゅう 来週 (다음 주)	さらいしゅう 再来週 (다다음 주)
月(월)	せんせんげつ 先々月 (지지난 달)	せんげつ 先月 (지난 달)	こんげつ 今月 (이번 달)	らいげつ 来月 (다음 달)	さらいげつ 再来月 (다다음 달)
年(년)	おととし 一昨年 (재작년)	きょねん 去年 (작년)	ことし 今年 (금년/올해)	らいねん 来年 (내년)	さらいねん 再来年 (내후년)

요일

月曜日(월요일)	火曜日(화요일)	水曜日(수요일)	木曜日(목요일)
げつようび	かようび	すいようび	もくようび
金曜日(금요일)	土曜日(토요일)	日曜日(일요일)	何曜日(무슨 요일)
きんようび	どようび	にちようび	なんようび

4 ~は 何月何日ですか

월, 일(몇 월 며칠)을 묻는 표현이다.

A：誕生日(たんじょうび)は何月何日ですか。　생일은 몇 월 며칠입니까?

B：9月20日(くがつはつか)です。　9월 20일입니다.

월

1月	2月	3月	4月	5月	6月
いちがつ	にがつ	さんがつ	しがつ	ごがつ	ろくがつ
7月	8月	9月	10月	11月	12月
しちがつ	はちがつ	くがつ	じゅうがつ	じゅういちがつ	じゅうにがつ

일

1日	2日	3日	4日	5日
ついたち	ふつか	みっか	よっか	いつか
6日	7日	8日	9日	10日
むいか	なのか	ようか	ここのか	とおか
11日 …	14日 …	20日 …	24日 …	31日
じゅういちにち	じゅうよっか	はつか	にじゅうよっか	さんじゅういちにち

14일, 20일, 24일을 제외하고, 11일 이후는 모두 「~日(にち)」로 말한다.

TIP

~から

시간이나 공간의 시작점・출발점을 나타낸다.

❶ ドラマは9時(くじ)**から**です。 — 드라마는 9시부터입니다.

❷ マラソンのスタートは駅前(えきまえ)**から**です。 — 마라톤 스타트는 역 앞에서 부터입니다.

~まで

시간이나 공간의 종점・귀착점을 나타낸다.

❶ 授業(じゅぎょう)は5時**まで**です。 — 수업은 5시까지입니다.

❷ ソウルから春川(チュンチョン)**まで**は1万(いちまん)ウォンです。 — 서울에서 춘천까지는 만원입니다.

何~

의문을 나타내는 「何」는 「何(なに)がありますか」「何(なん)ですか」에서와 같이 「なに」 또는 「なん」으로 읽는다. 일반적으로 「なに」는 「속성」을, 「なん」은 「수(数)」를 물을 때 사용된다.

何人(なにじん) (어느 나라 사람)　　何型(なにがた) (무슨 형)

何回(なんかい) (몇 회)　　何歳(なんさい) (몇 살)　　何人(なんにん) (몇 사람)

❶ A：彼は**何人**(なにじん)ですか。 — 그는 어느 나라 사람입니까?

B：アメリカ人(じん)です。 — 미국사람입니다.

❷ A：学生は全部(ぜんぶ)で**何人**(なんにん)ですか。 — 학생은 전부해서 몇 명입니까?

B：10人です。 — 10명입니다.

연습문제

1. 보기와 같이 문을 만드세요.

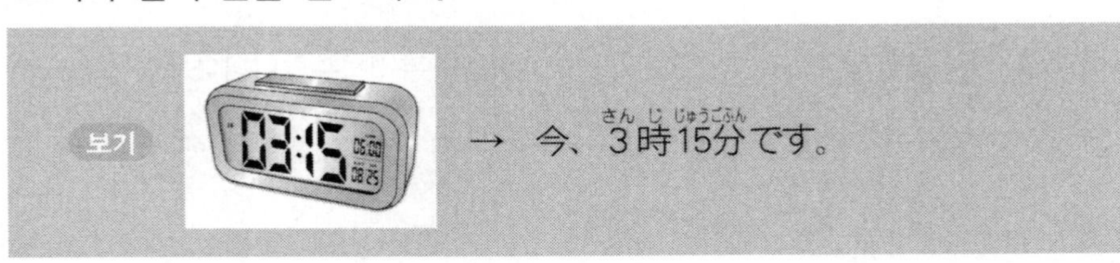

① 07:00

➡ ________________

②

➡ ________________

③

➡ ________________

④

➡ ________________

2. (　　) 안에 히라가나를 한자씩 넣어 문을 완성하세요.

① 金さん(　　)電話番号(でんわばんごう)(　　)何番(なんばん)です(　　)。

② 市庁(シチョン)行(ゆ)き(　　)バス(　　)7013です。

③ 日本の銀行(ぎんこう)(　　)9時(　　)(　　)3時(　　)(　　)です。

④ 日本語(にほんご)(　　)授業(じゅぎょう)(　　)月曜日(げつようび)(　　)(　　)水曜日(すいようび)(　　)(　　)です。

電話番号(でんわばんごう) 전화번호　　授業(じゅぎょう) 수업

3. 그림을 보고 답하세요.

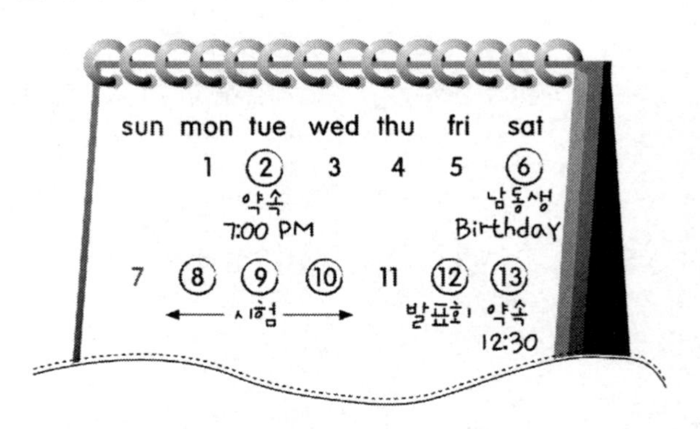

1. 弟(おとうと)の誕生日(たんじょうび)は何日(なんにち)ですか。

➡ ______________________________

2. テストはいつからいつまでですか。

➡ ______________________________

3. 発表会(はっぴょうかい)は何曜日(なんようび)ですか。

➡ ______________________________

4. 火曜日(かようび)の約束(やくそく)は何時ですか。

➡ ______________________________

発表会(はっぴょうかい) 발표회　　約束(やくそく) 약속

4. 일본어로 바꾸세요.

1. 아르바이트는 금요일부터 일요일까지입니다.

➡ ______________________________

2. 오후 1시부터 회의(会議[かいぎ])가 있습니다.

➡ ______________________________

3. 지금, 3시 5분전(前[まえ])입니다.

➡ ______________________________

4. 어린이날은 몇 월 며칠입니까?

➡ ______________________________

5. 다음 문장을 일본어로 작문하세요.

오늘은 4월 1일 월요일입니다. 월요일에는 회화와 작문 수업이 있습니다. 회화 수업은 10시 30분부터 11시 45분까지 75분간입니다. 점심시간은 12시부터입니다. 작문 수업은 오후 3시부터 4시 15분까지입니다. 그 후에는 수업이 없습니다.

회화 会話(かいわ) **작문** 作文(さくぶん) **~간** ~間(かん)
점심시간 昼休(ひるやす)み **후** 後(あと)

04 관련어휘 More

일본의 축일

1月 1日	元日(がんじつ) (설날)
1月 第2月曜日	成人(せいじん)の日(ひ) (성년의 날)
3月 21日頃	春分(しゅんぶん)の日 (춘분)
4月 29日	昭和(しょうわ)の日 (쇼와시대를 돌아보는 날)
5月 3日	憲法記念日(けんぽうきねんび) (헌법기념일)
5月 4日	みどりの日 (자연에 친화적이며 그 은혜에 감사하는 날)
5月 5日	子供(こども)の日 (어린이날)
9月 23日頃	秋分(しゅうぶん)の日 (추분)
10月 第2月曜日	体育(たいいく)の日 (체육의 날)
11月 23日	勤労感謝(きんろうかんしゃ)の日 (근로감사의 날)

4월 말에서 5월 초에 걸친, 휴일이 많은 주간을 골든 위크(ゴールデンウィーク)라 한다. 그밖에 공휴일은 아니지만 우리나라의 「어버이날」에 해당하는 날로 다음과 같은 날이 있다.

5月 第2日曜日	母(はは)の日 (어머니날)
6月 第3日曜日	父(ちち)の日 (아버지날)

MEMO

LESSON 05

패턴으로 배우는 일본어 입문

あの映画は面白いです

LESSON

05 あの映画は面白いです

패턴 pattern

A-いです

① あの映画(えいが)は面白(おもしろ)いです。
② 彼(かれ)は背(せ)が高(たか)いです。
③ 東京(とうきょう)ドームはとても大(おお)きいです。

A-くありません

① このキムチは全然(ぜんぜん)辛(から)くありません。
② 家(いえ)から駅(えき)までは遠(とお)くありません。
③ 教室(きょうしつ)はあまり広(ひろ)くありません。

A-かったです

① 昨日(きのう)は暑(あつ)かったです。
② デートはとても楽(たの)しかったです。
③ ゆかりさんの料理(りょうり)は本当(ほんとう)においしかったです。

A-くありませんでした

① 試験は難しくありませんでした。

② 昨日はあまり忙しくありませんでした。

③ A：先週、東京は寒かったですか。
　B：いいえ、それほど寒くありませんでした。

A-くて ~

① この店は安くておいしいです。

② 彼は面白くてやさしいです。

③ 僕のノートパソコンは軽くていいです。

④ 漢字が多くて難しいです。

Words

映画(えいが) 영화
背(せ)が高(たか)い 키가 크다
大(おお)きい 크다
辛(から)い 맵다
広(ひろ)い 넓다
楽(たの)しい 즐겁다
おいしい 맛있다
あまり 그다지, 별로
いいえ 아니오
安(やす)い 싸다
ノートパソコン 노트북
漢字(かんじ) 한자
面白(おもしろ)い 재미있다
東京(とうきょう)ドーム 도쿄돔
キムチ 김치
駅(えき) 역
暑(あつ)い 덥다
料理(りょうり) 요리
試験(しけん) 시험
忙(いそが)しい 바쁘다
それほど 그렇게, 그다지
やさしい 상냥하다, 친절하다
軽(かる)い 가볍다
多(おお)い 많다
彼(かれ) 그, 그 남자
とても 매우, 대단히
全然(ぜんぜん) 전혀
遠(とお)い 멀다
デート 데이트
本当(ほんとう)に 정말로
難(むずか)しい 어렵다
寒(さむ)い 춥다
店(みせ) 가게
僕(ぼく) 나 〈남성어〉
いい 좋다

포 인 트 point

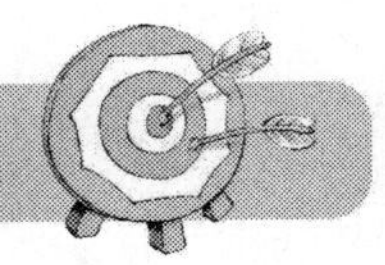

1 A-いです

일본어의 형용사에는 어미가 「い」로 끝나는 イ형용사(종래의 「형용사」)와 어미가 「だ」로 끝나는 ナ형용사(종래의 「형용동사」)가 있다. 양 형용사는 의미적으로는 주어의 성질이나 상태를 나타낸다.

「大(おお)きい」「高(たか)い」와 같은 イ형용사의 정중체 현재 긍정형은 기본형 「A-い(A는 イ형용사의 어간을 표시)」에 「です」를 접속시킨 「A-いです」이다.

あの映画(えいが)は面白(おもしろ)いです。　저 영화는 재미있습니다.

イ형용사의 연체형은 기본형과 같다.

面白い映画 재미있는 영화　　高いビル 높은 빌딩

2 A-くありません

정중체의 현재 부정형이다. 「A-くないです」라고도 한다.

このキムチは全然(ぜんぜん)辛(から)くありません/ないです。 이 김치는 전혀 맵지 않습니다.

「-くありません」은 「いい(좋다)」에는 접속되지 못하고 「よい(좋다)」에 접속된다.

天気(てんき)はよくありません。 날씨는 좋지 않습니다.
天気はいくありません。 (×)

3 A-かったです

정중체의 과거 긍정형이다. 「A-いでした」라고 하지 않도록 주의해야 한다.

昨日(きのう)は暑(あつ)かったです。 어제는 더웠습니다.

昨日は暑いでした。 (×)

「-かったです」도 「いい(좋다)」에는 접속되지 못하고 「よい(좋다)」에 접속된다.

天気はよかったです。 날씨는 좋았습니다.

天気はいかったです。 (×)

4 A-くありませんでした

정중체의 과거 부정형이다. 「A-くなかったです」라고도 한다.

試験(しけん)は難(むずか)しくありませんでした/なかったです。 시험은 어렵지 않았습니다.

「-くありませんでした」도 「いい(좋다)」에는 접속되지 못하고 「よい(좋다)」에 접속된다.

天気はよくありませんでした。 날씨는 좋지 않았습니다.

天気はいくありませんでした。 (×)

이상, イ형용사의 정중체를 표로 정리하면 다음과 같다. 참고로 보통체도 같이 제시한다.

	긍 정		부 정	
	현 재	과 거	현 재	과 거
정 중 체	大きいです (큽니다)	大きかったです (컸습니다)	大きくありません (크지 않습니다)	大きくありませんでした (크지 않았습니다)
보 통 체	大きい (크다)	大きかった (컸다)	大きくない (크지 않다)	大きくなかった (크지 않았다)

5 A-くて ~

イ형용사의 어미 「い」를 「く」로 바꿔 「~て(고/서)」를 접속시키면, 「열거」 또는 「원인・이유」의 의미를 나타낸다.

この店(みせ)は安(やす)くておいしいです。 이 가게는 싸고 맛있습니다. 〈열거〉

僕(ぼく)のノートパソコンは軽(かる)くていいです。 내 노트북은 가벼워서 좋습니다. 〈원인・이유〉

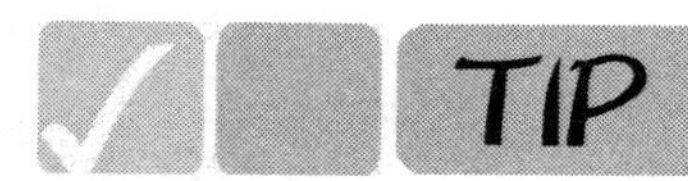

TIP

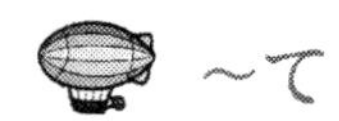

~て

전후를 접속시킨다. 열거를 나타내거나 원인・이유를 나타낸다.

❶ ゼミ室は明るく**て**広いです。　세미나실은 밝고 넓습니다.

❷ この携帯は小さく**て**いいです。　이 휴대폰은 작아서 좋습니다.

とても / 本当に / あまり / それほど / 全然

뒤의 용언(형용사, 동사류)을 수식해주는 부사로, 「とても(매우, 아주), 本当に(정말로)」는 정도가 심한 것을 나타낸다. 「あまり(별로), それほど(그다지), 全然(전혀)」은 뒤에 부정의 의미를 나타내는 「~ない」를 수반하여 사용되는 경우가 많다.

❶ 8月の京都は**とても**/**本当に**暑いです。　8월의 교토는 아주/정말 덥습니다.

❷ この問題は**あまり**/**それほど**難しくありません。　이 문제는 별로/그다지 어렵지 않습니다.

❸ このみかんは**全然**甘くありません。　이 귤은 전혀 달지 않습니다.

~は ~が~

「~は」로 화제가 되는 사항을 들고 「~が」는 그 화제가 되는 사항 전체의 일부를 나타낸다. 즉, 다음 예 ①의 경우, 「彼女」가 화제가 되고 「髪」는 그 일부에 해당된다고 설명할 수 있다.

❶ 彼女**は**髪**が**長いです。　그녀는 머리가 깁니다.

❷ 姉**は**目**が**大きいです。　누나/언니는 눈이 큽니다.

05 연습문제

1. 보기와 같이 답하세요.

보기
A：そのかばんは軽(かる)いですか。(○)
B：はい、軽いです。

A：そのかばんは軽いですか。(×)
B：いいえ、軽くありません。重(おも)いです。

1. A：東京(とうきょう)の夏(なつ)は暑いですか。(○)
   B：

2. A：あの町(まち)は外国人(がいこくじん)が多(おお)いですか。(×)
   B：

3. A：エバーランドは広(ひろ)いですか。(○)
   B：

4. A：その時計(とけい)は高(たか)いですか。(×)
   B：

はい 네, 예	重(おも)い 무겁다	夏(なつ) 여름
町(まち) 고장, 마을	エバーランド 에버랜드	時計(とけい) 시계

2. 보기와 같이 답하세요.

보기 A：試験(しけん)は難(むずか)しかったですか。(○)
B：はい、難しかったです。

A：試験は難しかったですか。(×)
B：いいえ、難しくありませんでした。やさしかったです。

① A：大阪(おおさか)の食(た)べ物(もの)はおいしかったですか。(○)

B：

② A：宿題(しゅくだい)は多かったですか。(×)

B：

③ A：高校生活(こうこうせいかつ)は楽(たの)しかったですか。(○)

B：

④ A：天気(てんき)はよかったですか。(×)

B：

大阪(おおさか) 오사카　食(た)べ物(もの) 음식　宿題(しゅくだい) 숙제
生活(せいかつ) 생활　天気(てんき) 날씨

3. 그림을 보고 보기와 같이 답하세요.

(주어진 형용사는 p.78을 참조)

보기 작다 / 가볍다

→ このノートパソコンは小(ちい)さくて軽(かる)いです。

①

낡다 / 더럽다

➡ このアパートは ______________________

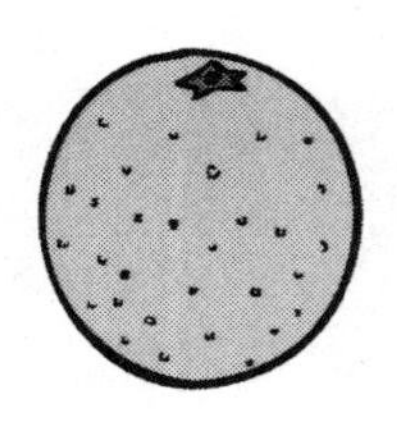

시다 / 맛없다

➡ このオレンジは ______________________

부드럽다 / 맛있다

➡ このパンは ＿＿＿＿＿＿＿＿＿＿＿＿＿＿＿＿＿＿＿＿

푸르다 / 높다

➡ 秋(あき)の空(そら)は ＿＿＿＿＿＿＿＿＿＿＿＿＿＿＿＿＿＿＿＿

小(ちい)さい 작다	アパート 아파트	オレンジ 오렌지
パン 빵	秋(あき) 가을	空(そら) 하늘

4. 일본어로 바꾸세요.

1. 일본 음식은 맛있습니까?

➡ ______________________________

2. 한국의 겨울은 추웠습니다.

➡ ______________________________

3. 이 드라마는 별로 재미있지 않습니다.

➡ ______________________________

4. 어렸을 때(子供(こども)の時(とき))는 키가 크지 않았습니다.

➡ ______________________________

5. 다음 문을 일본어로 작문하세요.

바바라 선생님은 캐나다인이고 영어회화 선생님입니다. 키가 크고 날씬합니다. 수업 때는 상냥합니다만, 시험 때는 엄합니다. 선생님 수업은 재미있고 즐겁습니다.

캐나다인 カナダ人(じん)　**날씬하다** ほそい　**엄하다** 厳(きび)しい

05 관련어휘 More

イ형용사

暑い (덥다)	:	寒い (춥다)	暖かい (따뜻하다)	:	涼しい (서늘하다)
熱い (뜨겁다)	:	冷たい (차갑다)	おいしい (맛있다)	:	まずい (맛없다)
高い (비싸다)	:	安い (싸다)	高い (높다)	:	低い (낮다)
大きい (크다)	:	小さい (작다)	多い (많다)	:	少ない (적다)
長い (길다)	:	短い (짧다)	重い (무겁다)	:	軽い (가볍다)
近い (가깝다)	:	遠い (멀다)	明るい (밝다)	:	暗い (어둡다)
新しい (새롭다)	:	古い (낡다)	いい/よい (좋다)	:	悪い (나쁘다)
難しい (어렵다)	:	易しい (쉽다)	強い (강하다)	:	弱い (약하다)
速い (빠르다)	:	遅い (늦다)	嬉しい (기쁘다)	:	悲しい (슬프다)
柔らかい (부드럽다)	:	堅い (단단하다)	細い (가늘다)	:	太い (굵다)

優しい (상냥하다)	汚い (더럽다)	若い (젊다)	かわいい (귀엽다)
甘い (달다)	酸っぱい (시다)	辛い (맵다)	塩辛い (짜다)
赤い (빨갛다)	青い (파랗다)	白い (하얗다)	黒い (검다)

ソウルの地下鉄は便利です

LESSON 06

ソウルの地下鉄は便利です

패턴 pattern

NA-です

① ソウルの地下鉄(ちかてつ)は便利(べんり)です。
② 金(キム)さんの部屋(へや)はきれいです。
③ 吉田君(よしだくん)はサッカーが上手(じょうず)です。

NA-ではありません

① この部屋は静(しず)かではありません。
② 最近(さいきん)、うちの犬(いぬ)は元気(げんき)ではありません。
③ 私(わたし)はお酒(さけ)があまり好(す)きではありません。

NA-でした

① その駅員(えきいん)はとても親切(しんせつ)でした。
② 母(はは)は若(わか)い頃(ころ)、きれいでした。
③ 昔(むかし)、その歌手(かしゅ)は有名(ゆうめい)でした。

NA-ではありませんでした

① 10年前、ここは交通が便利ではありませんでした。

② 高校生の時は、真面目ではありませんでした。

③ 前は、野菜が好きではありませんでした。

NA-で~

① 宅配便は便利で速いです。

② 英語の先生はハンサムで面白いです。

③ このカフェはきれいでいいです。

④ 赤いのは派手で嫌いです。

ソウル 서울
きれいだ 예쁘다, 깨끗하다
最近(さいきん) 최근
好(す)きだ 좋아하다
母(はは) 어머니
昔(むかし) 옛날
交通(こうつう) 교통
野菜(やさい) 채소
英語(えいご) 영어
赤(あか)い 빨갛다

地下鉄(ちかてつ) 지하철
上手(じょうず)だ 잘하다, 능숙하다
元気(げんき)だ 건강하다, 기운이 있다
駅員(えきいん) 역무원
若(わか)い 젊다
歌手(かしゅ) 가수
時(とき) 때
宅配便(たくはいびん) 택배
ハンサムだ 잘생기다
派手(はで)だ 화려하다

便利(べんり)だ 편리하다
静(しず)かだ 조용하다
お酒(さけ) 술
親切(しんせつ)だ 친절하다
頃(ころ/ごろ) 무렵, 쯤
有名(ゆうめい)だ 유명하다
真面目(まじめ)だ 성실하다
速(はや)い 빠르다
カフェ 카페
嫌(きら)いだ 싫어하다

포인트 point

1 NA-です

ナ형용사라는 명칭은 명사를 수식하는 연체형이 「NA-な(NA는 ナ형용사의 어간을 표시)」인 것을 중시한 것에 의한다. 「静かだ」「便利だ」와 같은 ナ형용사의 정중체 현재 긍정형은 「NA-です」이다.

ソウルの地下鉄(ちかてつ)は便利です。　서울의 지하철은 편리합니다.

ナ형용사의 연체형은 어미 「だ」가 「ナ」로 바뀐 형태이다.

静かな公園　조용한 공원　　便利な地下鉄(ちかてつ)　편리한 지하철

2 NA-ではありません

정중체의 현재 부정형이다.

この部屋は静かではありません。　이 방은 조용하지 않습니다.

3 NA-でした

정중체의 과거 긍정형이다.

その駅員(えきいん)はとても親切(しんせつ)でした。　그 역무원은 매우 친절했습니다.

4 NA-ではありませんでした

정중체의 과거 부정형이다.

10年前、ここは交通が便利ではありませんでした。

10년 전에 여기는 교통이 편리하지 않았습니다.

이상, ナ형용사의 정중체를 표로 정리하면 다음과 같다. 참고로 보통체도 같이 제시한다.

	긍 정		부 정	
	현 재	과 거	현 재	과 거
정 중 체	静かです (조용합니다)	静かでした (조용했습니다)	静かではありません (조용하지 않습니다)	静かではありませんでした (조용하지 않았습니다)
보 통 체	静かだ (조용하다)	静かだった (조용했다)	静かではない (조용하지 않다)	静かではなかった (조용하지 않았다)

5 NA-で～

ナ형용사의 어미 「だ」를 「で」로 바꾸어 뒤에 연결하면 イ형용사와 마찬가지로 「～고/서」와 같은 「열거」 또는 「원인・이유」의 의미를 나타낸다.

宅配便は便利で速いです。 택배는 편리하고 빠릅니다. 〈열거〉

このカフェはきれいでいいです。 이 카페는 깨끗해서 좋습니다. 〈원인・이유〉

 ～が 上手だ / 下手だ / 得意だ / 苦手だ / 好きだ / 嫌いだ

능력이나 기호를 나타내는 「上手(じょうず)だ(능숙하다), 下手(へた)だ(서툴다), 得意(とくい)だ(잘하다), 苦手(にがて)だ(못하다), 好(す)きだ(좋아하다), 嫌(きら)いだ(싫어하다)」와 같은 ナ형용사의 대상은 「～を」가 아닌 「～が」로 나타낸다. 우리말과는 다르므로 주의해야 한다.

❶ 父(ちち)は卓球(たっきゅう)**が**上手/下手です。 아버지는 탁구를 잘 칩니다/잘 못칩니다.

❷ 弟(おとうと)は数学(すうがく)**が**得意/苦手です。 남동생은 수학을 잘 합니다/잘 못합니다.

❸ 私は肉(にく)**が**好き/嫌いです。 나는 고기를 좋아합니다/싫어합니다.

 ～で～

「NA-で」형으로 뒤의 용언에 접속되어 열거 또는 원인・이유를 나타낸다.

❶ 彼女(かのじょ)は元気(げんき)**で**明(あか)るいです。 그녀는 건강하고 밝습니다.

❷ この図書館(としょかん)は静(しず)か**で**いいです。 이 도서관은 조용해서 좋습니다.

 ハンサムな / ラッキーな

ナ형용사에는 「ハンサムな(잘 생긴), ラッキーな(행운의), ハッピーな(행복한), クリーンな(깨끗한), ヘルシーな(건강한)」와 같이 외래어에서 유래한 것들이 있다. 연체형(NA-な)으로 많이 쓰인다.

❶ こんな**ラッキーな**ことはありませんよ。 이런 행운은 없어요.

❷ 安くて**ヘルシーな**お勧(すす)めメニューです。 싸고 건강에 좋은 추천 메뉴입니다.

06 연습문제

1. 보기와 같이 답하세요.

보기
A：カラオケは好(す)きですか。(○)
B：はい、好きです。

A：カラオケは好きですか。(×)
B：いいえ、好きではありません。嫌(きら)いです。

① A：交通(こうつう)カードは便利(べんり)ですか。(○)

B：

② A：英語(えいご)は上手(じょうず)ですか。(×)

B：

③ A：あのネットカフェはきれいですか。(○)

B：

④ A：あの辺(へん)はにぎやかですか。(×)

B：

カラオケ 노래방　交通(こうつう)カード 교통카드　ネットカフェ PC방
辺(へん) 부근, 일대　にぎやかだ 번화하다

2. 보기와 같이 문을 만드세요.

보기 そのレストラン / 静(しず)かだ (○)
→ そのレストランは静かでした。

そのレストラン / 静かだ (×)
→ そのレストランは静かではありませんでした。

1. 先週(せんしゅう) / 暇(ひま)だ (○)

➡ ______

2. 子供(こども)の時(とき) / 絵(え)が上手(じょうず)だ (×)

➡ ______

3. 引(ひ)っ越(こ)し / 大変(たいへん)だ (○)

➡ ______

4. 高校(こうこう)の時 / 勉強(べんきょう)が好(す)きだ (×)

➡ ______

レストラン 레스토랑	暇(ひま)だ 한가하다	絵(え) 그림
引(ひ)っ越(こ)し 이사	大変(たいへん)だ 힘들다, 고생스럽다	

3. 보기와 같이 답하세요. (주어진 형용사는 p.78, p.90을 참조)

보기 편리하다 / 빠르다

→ 宅配便は便利で速いです。

1 

건강하다 / 귀엽다

➡ 私の妹は ______________________

2 

노래를 잘한다 / 유명하다

➡ あの歌手は歌が ______________________

3 

친절하다 / 상냥하다

➡ 食堂のおばさんは ______________________

4 

조용하다 / 넓다

➡ この公園は ______________________

歌(うた) 노래　　　おばさん 아주머니

4. 일본어로 바꾸세요.

① 신촌(新村)은 언제나 붐빕니다.

➡ ______________________________

② 나는 요리를 잘 못합니다(下手だ).

➡ ______________________________

③ 대학 도서관은 넓고 깨끗합니다.

➡ ______________________________

④ 전에는 운동(運動)을 좋아하지 않았습니다.

➡ ______________________________

5. 다음 문장을 일본어로 작문하세요.

수원은 서울에서 그다지 멀지 않습니다. 지하철로 1시간 정도입니다. 교통은 매우 편리합니다. 수원 화성이 유명합니다. 갈비도 유명합니다. 나는 수원을 아주 좋아합니다.

수원 水原(スウォン) **~정도** ~くらい/ぐらい **화성** 華城(ファソン)
갈비 カルビ

06 관련어휘 More

ナ형용사

上手だ (잘하다)	:	下手だ (못하다)
得意だ (능숙하다)	:	苦手だ (서투르다)
好きだ (좋아하다)	:	嫌いだ (싫어하다)
便利だ (편리하다)	:	不便だ (불편하다)
真面目だ (성실하다)	:	不真面目だ (불성실하다)
派手だ (화려하다)	:	地味だ (고상하다)

きれいだ (깨끗하다)	有名だ (유명하다)	素直だ (솔직하다)
立派だ (훌륭하다)	素敵だ (멋지다)	嫌だ (싫어하다)
大切だ (소중하다)	賑やかだ (번화하다)	穏やかだ (온화하다)
残念だ (유감이다)	高級だ (고급이다)	華やかだ (화사하다)

野球とサッカーと、どちらが好きですか

LESSON

07 野球とサッカーと、どちらが好きですか

패턴 pattern

~と ~と、どちらが~

① 野救(やきゅう)とサッカーと、どちらが好(す)きですか。

② コーヒーと紅茶(こうちゃ)と、どちらがいいですか。

③ 日本語(にほんご)と中国語(ちゅうごくご)と、どちらが難(むずか)しいですか。

~より ~(のほう)が~

① バスより地下鉄(ちかてつ)が速(はや)いです。

② 父(ちち)より僕(ぼく)のほうが背(せ)が高(たか)いです。

③ コンビニよりスーパーのほうが安(やす)いです。

~ほど ~くありません/ではありません

① テンジャンチゲは、キムチチゲほど辛(から)くありません。

② 東京(とうきょう)の冬(ふゆ)は、ソウルの冬ほど寒(さむ)くありません。

③ 私(わたし)は朴(パク)さんほど日本語が上手(じょうず)ではありません。

～の中で ～が一番～

① クラスの中で金さんが一番歌がうまいです。

② 一週間の中で何曜日が一番忙しいですか。

③ スポーツの中で、バスケットボールが一番得意です。

どちら 어느 쪽, 어느 분	コーヒー 커피	紅茶(こうちゃ) 홍차
中国語(ちゅうごくご) 중국어	父(ちち) 아버지	スーパー 슈퍼
テンジャンチゲ 된장찌개	キムチチゲ 김치찌개	冬(ふゆ) 겨울
クラス 학급, 반	うまい 잘하다, 맛있다	一週間(いっしゅうかん) 일주일
スポーツ 스포츠	得意(とくい)だ 잘하다	

포인트 point

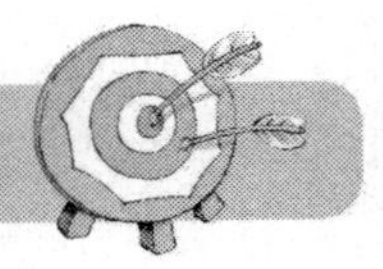

1 ～と ～と、どちらが～

두 개의 사항을 들어 어느 쪽이 어떠한지를 물을 때 사용한다.

野救(やきゅう)とサッカーと、どちらが好(す)きですか。 야구와 축구, 어느 쪽을 좋아합니까?

2 ～より ～(のほう)が～

두 개의 사항을 서로 비교할 때 사용한다. 한 쪽이 다른 한 쪽과 비교하여 어떠하다라는 의미를 표현한다. 「より」는 비교의 대상을 나타낸다.

バスより地下鉄(ちかてつ)(のほう)が速(はや)いです。 버스보다 지하철 (쪽)이 빠릅니다.

3 ～ほど ～くありません/ではありません

「～만큼 ～(하)지 않다」라는 표현으로, 한 쪽을 기준으로 하여 다른 한 쪽이 그 이하의 의미를 나타내는 비교구문이다.

テンジャンチゲは、キムチチゲほど辛(から)くありません。
된장찌개는 김치찌개만큼 맵지 않습니다.

4 ～の中で ～が一番～

어떤 범위 내에서 어떤 주체가 가장 어떠하다라는 의미를 표현한다.

クラスの中(なか)で金(キム)さんが一番(いちばん)歌(うた)がうまいです。

반에서 김민호씨가 제일 노래를 잘합니다.

TIP

~より

두 항목을 들어 비교할 때 사용하며, 비교의 대상을 나타낸다.

❶ りんご**より**梨が好きです。　사과보다 배를 좋아합니다.

❷ A：このデザイン、どうですか。　이 디자인 어때요?

B：前の**より**いいですね。　전의 것보다 좋네요.

~ほど

정도를 나타낸다.

❶ 大学の勉強は高校の勉強**ほど**簡単ではありません。

대학교 공부는 고등학교 공부만큼 간단하지 않습니다.

❷ 最近の携帯電話は昔の**ほど**大きくありません。

최근의 휴대폰은 옛날 것 만큼 크지 않습니다.

~で

범위를 나타낸다.

❶ 世界**で**最も高い山はエベレストです。　세계에서 가장 높은 산은 에베레스트입니다.

❷ 日本料理**で**はすしが一番好きです。　일본요리에서는 생선초밥을 제일 좋아합니다.

07 연습문제

1. 보기와 같이 문을 만드세요.

보기 コーヒー / 紅茶(こうちゃ) / いい
→ コーヒーと紅茶と、どちらがいいですか。

① 午前(ごぜん) / 午後(ごご) / 暇(ひま)だ

➡ ______________________________

② 7月(しちがつ) / 8月(はちがつ) / 暑(あつ)い

➡ ______________________________

③ 飛行機(ひこうき) / 新幹線(しんかんせん) / 高(たか)い

➡ ______________________________

④ 試験(しけん) / レポート / 大変(たいへん)だ

➡ ______________________________

飛行機(ひこうき) 비행기　　新幹線(しんかんせん) 신칸센　　レポート 리포트

2. 보기와 같이 문을 만드세요.

보기　東京の冬(ふゆ) / ソウルの冬 / 寒(さむ)い
→ 東京の冬はソウルの冬ほど寒くありません。

① 私の自転車(じてんしゃ) / ゆりさんの自転車 / 新(あたら)しい

➡ ______________________________

② 母(はは) / 父(ちち) / やさしい

➡ ______________________________

③ ピンク / グリーン / 好きだ

➡ ______________________________

④ 平日(へいじつ) / 週末(しゅうまつ) / にぎやかだ

➡ ______________________________

自転車(じてんしゃ) 자전거	新(あたら)しい 새롭다	ピンク 핑크, 분홍
グリーン 그린, 녹색	平日(へいじつ) 평일	週末(しゅうまつ) 주말

3. 그림을 보고 보기와 같이 답하세요.

보기

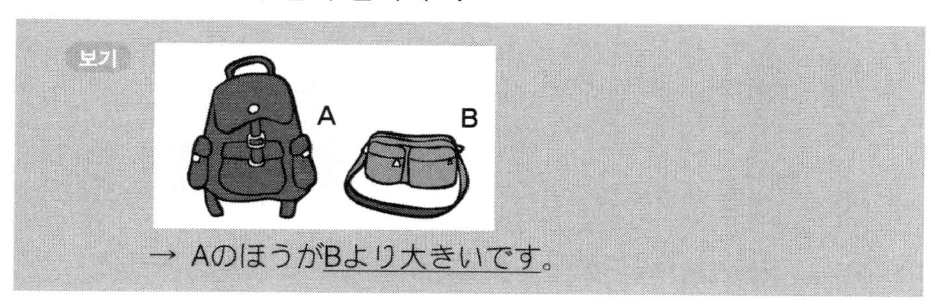

→ Aのほうが<u>Bより大きいです</u>。

①

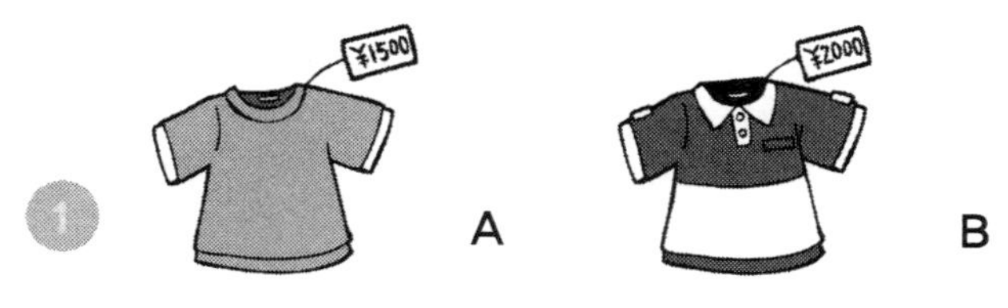

➡ Aのほうが ____________________

②

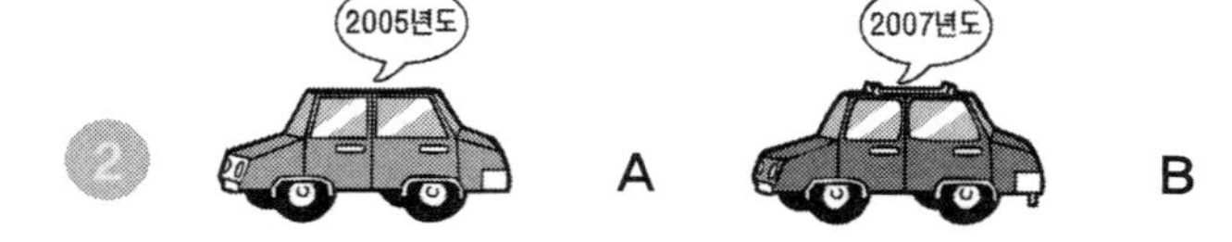

➡ Bのほうが ____________________

③

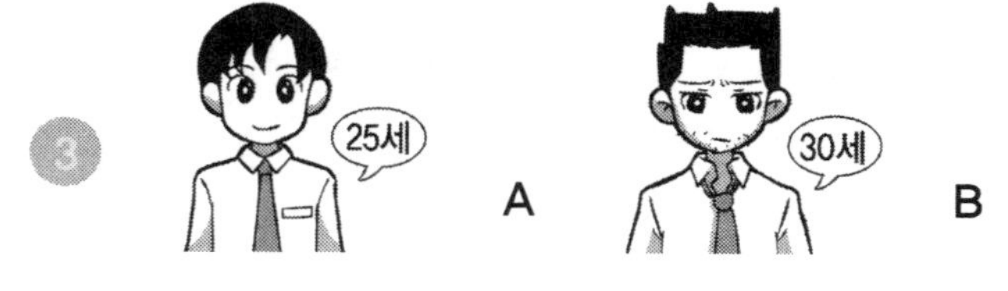

➡ Aさんのほうが ____________________

④

➡ Bのほうが ____________________

4. 일본어로 바꾸세요.

1 가족 중에서는 남동생이 제일 키가 큽니다.

➡ ____________________

2 나는 생선초밥보다 돈가스덮밥(カツ丼(どん)) 쪽을 좋아합니다.

➡ ____________________

3 오늘은 어제 만큼 춥지 않네요.

➡ ____________________

4 청소(掃除(そうじ))와 세탁(洗濯(せんたく)), 어느 쪽을 잘 못합니까?

➡ ____________________

5. 다음 문장을 일본어로 작문하세요.

학교 근처에는 하나식당과 이모식당이 있습니다. 이모식당 쪽이 싸고 양이 많습니다. 하지만 하나식당 쪽이 깨끗하고 메뉴도 많습니다. 하나식당의 메뉴 중에서 돈가스가 제일 맛이 있습니다.

근처 近所(きんじょ) **식당** 食堂(しょくどう) **양** 量(りょう)
하지만 でも **돈가스** とんかつ

07 관련어휘 More

스포츠

サッカー (축구)　野球(やきゅう) (야구)　バスケットボール (농구)

バレーボール (배구)　テニス (테니스)　バドミントン (배드민턴)

相撲(すもう) (씨름)　剣道(けんどう) (검도)　柔道(じゅうどう) (유도)

일본요리

うどん (우동)　そば (소바)　すし (생선초밥)

おにぎり (주먹밥)　とんかつ (돈가스)　どんぶり (덮밥)

カツ丼(どん) (돈가스덮밥)　てんぷら (튀김)　お好(この)み焼(や)き (오코노미야키)

과일

りんご (사과)　梨(なし) (배)　桃(もも) (복숭아)　いちご (딸기)

みかん (귤)　ぶどう (포도)　メロン (멜론)　すいか (수박)

LESSON 08

패턴으로 배우는 일본어 입문

アイスクリームを一つください

LESSON

08 アイスクリームを一つください

패턴 pattern

1 ~を ~ください

① アイスクリームを一(ひと)つください。
② この靴下(くつした)を二足(にそく)ください。
③ ビールを三本(さんぼん)ください。

2 ~を ください

① 大(おお)きいサイズをください。
② 白(しろ)い帽子(ぼうし)をください。
③ 丈夫(じょうぶ)なかばんをください。
④ 便利(べんり)な電子辞書(でんしじしょ)をください。

3 ~(を) お願いします

① ホットコーヒー二(ふた)つ、お願(ねが)いします。
② お勘定(かんじょう)をお願いします。
③ ご案内(あんない)をお願いします。

~とは/って 何ですか

① デジカメとは何(なん)ですか。

② エアテルとは何ですか。

③ マナーモードって何ですか。

くださいa 주세요
靴下(くつした) 양말
~本(ほん) ~병/자루
帽子(ぼうし) 모자
ホットコーヒー 뜨거운 커피
案内(あんない) 안내
マナーモード 매너모드, 진동
アイスクリーム 아이스크림
~足(そく) ~켤레
サイズ 사이즈
丈夫(じょうぶ)だ 튼튼하다
二(ふた)つ 둘
デジカメ 디지털 카메라
一(ひと)つ 하나
ビール 맥주
白(しろ)い 하얗다
お願(ねが)いします 부탁합니다
勘定(かんじょう) 계산
エアテル 에어텔

포 인 트 point

1 ~を (수량) ください

「~を」는 우리말의 「~을/를」에 해당되는 조사로 동작, 작용의 대상을 나타낸다. 「ください(주세요)」는 「くださる(주시다)」의 명령형이고, 수량을 나타내는 말과 함께 쓰여 「~을 (몇 개) 주세요」라는 표현으로 사용된다.

アイスクリームを一つください。　　아이스크림을 하나 주세요.

2 ~を ください

「~を」로 받는 대상물을 줄 것을 지시 의뢰하는 표현이다.

大きいサイズをください。　　큰 사이즈를 주세요.

3 ~(を) お願いします

앞의 사항을 의뢰할 때 사용한다.

ホットコーヒー二つ、お願いします。　뜨거운 커피 둘, 부탁합니다.

4 ~とは/って 何ですか

「~とは(~란)」는 「~というのは(~라는 것은)」의 준말로 뒤에 「何ですか」를 수반하여 「~란(건) 뭔가요?」라는 표현을 만든다. 「~って(~란)」도 마찬가지로 스스럼 없는 회화 장면에서 자주 쓰인다.

デジカメとは/って何ですか。　　데지카메(デジカメ)란 뭔가요?

～を

동작, 작용의 대상을 나타낸다.

❶ 水(みず)**を**ください。　물을 주세요.

❷ 80円(えん)の切手(きって)**を**一枚(いちまい)ください。　80엔짜리 우표를 한 장 주세요.

お / ご～

명사류 앞에 붙어 상대방에 대한 경의(敬意)를 표하는 존경어를 만든다. 원칙적으로 「お」는 고유어에, 「ご」는 한어에 붙는다.

❶ **お**名前(なまえ)をお願いします。　성함을 부탁합니다.

❷ **ご**住所(じゅうしょ)をお願いします。　주소를 부탁합니다.

～とは / って

어떤 것을 화제로 들어서 의미나 정의를 말하거나 평가를 내릴 때 사용된다.

❶ アニメ**とは**「アニメーション」の略語(りゃくご)です。　애니메(アニメ)란 「アニメーション」의 약어입니다.

❷ フリーター**って**何ですか。　후리터(フリーター)란 뭡니까?

08 연습문제

1. 보기와 같이 (　　) 안의 밑줄부에 「お」 또는 「ご」를 적어 넣으세요.

보기　名前(なまえ) → (お 名前)　　住所(じゅうしょ) → (ご 住所)

① 両親(りょうしん) ➡ (______ 両親)

② 紹介(しょうかい) ➡ (______ 紹介)

③ 酒(さけ) ➡ (______ 酒)

④ 金(かね) ➡ (______ 金)

⑤ 案内(あんない) ➡ (______ 案内)

⑥ 友達(ともだち) ➡ (______ 友達)

住所(じゅうしょ) 주소　両親(りょうしん) 부모님　紹介(しょうかい) 소개　金(かね) 돈

2. 보기와 같이 답하세요.

보기 A：アニメとは何ですか。
B：アニメとは「アニメーション」の略語(りゃくご)です。

1. A：日能試(にちのうし)とは何ですか。
   B：____________________

2. A：学食(がくしょく)とは何ですか。
   B：____________________

3. A：ファミレスとは何ですか。
   B：____________________

4. A：就活(しゅうかつ)とは何ですか。
   B：____________________

略語(りゃくご) 약어, 준말
日能試(にちのうし) 일본어능력시험의 준말
学食(がくしょく) 학생식당의 준말
ファミレス 패밀리 레스토랑의 준말
就活(しゅうかつ) 취직/취업활동의 준말

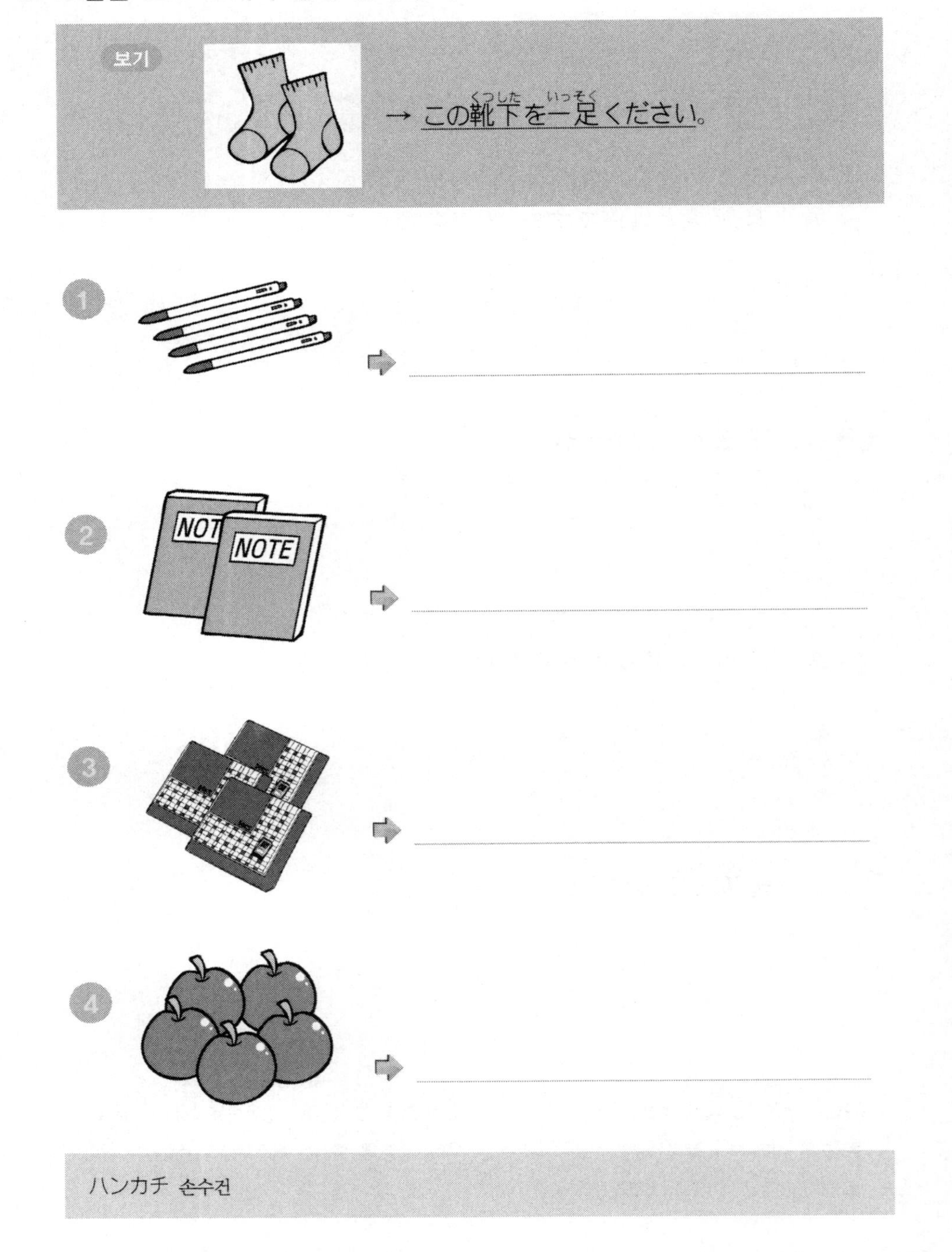

3. 그림을 보고 보기와 같이 답하세요.

보기

→ この靴下(くつした)を一足(いっそく)ください。

①

②

③

④

ハンカチ 손수건

4. 일본어로 바꾸세요.

① 커피 둘, 주스 하나 주세요.

⇨ ______________________________

② 저 분(方(かた))은 선생님 친구 분이십니까?

⇨ ______________________________

③ 자기소개(自己紹介(じこしょうかい))를 부탁드립니다.

⇨ ______________________________

④ 「디카」란 뭐에요?

⇨ ______________________________

5. 다음 문장을 일본어로 작문하세요.

축구는 세계적으로 가장 인기 있는 스포츠의 하나입니다. 한국에도 일본에도 축구를 좋아하는 사람들이 많습니다. 한국에는 K리그, 일본에는 J리그가 있습니다. K리그는 15팀, J리그는 19팀으로, J리그에는 한국인 선수도 몇 명 있습니다.

세계적으로 世界的(せかいてき)に　**인기** 人気(にんき)　**K리그** K(ケー)リーグ
J리그 J(ジェー)リーグ　**팀** チーム　**선수** 選手(せんしゅ)
몇 명 数人(すうにん)

08 관련어휘 More

조수사

	~명 (人)	~개 (個)	~자루/병 (本)	~장 (枚)	~권 (冊)	~켤레 (足)	~마리 (匹)	~층 (階)
1	ひとり	いっこ	いっぽん	いちまい	いっさつ	いっそく	いっぴき	いっかい
2	ふたり	にこ	にほん	にまい	にさつ	にそく	にひき	にかい
3	さんにん	さんこ	さんぼん	さんまい	さんさつ	さんぞく	さんびき	さんがい
4	よにん	よんこ	よんほん	よんまい	よんさつ	よんそく	よんひき	よんかい
5	ごにん	ごこ	ごほん	ごまい	ごさつ	ごそく	ごひき	ごかい
6	ろくにん	ろっこ	ろっぽん	ろくまい	ろくさつ	ろくそく	ろっぴき	ろっかい
7	ななにん しちにん	ななこ	ななほん	ななまい	ななさつ	ななそく	ななひき	ななかい
8	はちにん	はっこ はちこ	はっぽん はちほん	はちまい	はっさつ	はっそく	はっぴき	はっかい はちかい
9	くにん きゅうにん	きゅうこ	きゅうほん	きゅうまい	きゅうさつ	きゅうそく	きゅうひき	きゅうかい
10	じゅうにん	じっこ じゅっこ	じっぽん じゅっぽん	じゅうまい	じっさつ じゅっさつ	じっそく じゅっそく	じっぴき じゅっぴき	じっかい じゅっかい
몇	なんにん	なんこ	なんぼん	なんまい	なんさつ	なんぞく なんそく	なんびき	なんがい なんかい

MEMO

あした
日本へ行きます

LESSON

09 あした日本へ行きます

패턴 pattern

1 ~ます

① あした日本へ行きます。
② これから出かけます。
③ 私はよくテレビを見ます。
④ 日本人はお米を食べます。

2 ~ません

① 今晩は勉強しません。
② あしたは休みですからどこにも出かけません。
③ 私は肉は全然食べません。
④ 彼はあまり運動しません。

3 ~ますか

① 今学期はいつ終わりますか。
② 窓から富士山が見えますか。
③ 毎朝、何時に起きますか。

~ませんか

① 今日は会社に行きませんか。
② 子供の声が聞こえませんか。
③ あしたは時間がありませんか。

~する〈종지형〉

① 今晩は早く寝る。
② これから出かける。
③ 毎日、ジムで運動をする。
④ 地球は回る。

行(い)く 가다	これから 앞으로, 지금부터	出(で)かける 외출하다
よく 잘, 자주	テレビ 텔레비전	見(み)る 보다
お米(こめ) 쌀	食(た)べる 먹다	今晩(こんばん) 오늘밤
する 하다	肉(にく) 고기	運動(うんどう)する 운동하다
今学期(こんがっき) 이번학기	終(お)わる 끝나다	富士山(ふじさん) 후지산
見(み)える 보이다	毎朝(まいあさ) 매일 아침	起(お)きる 일어나다
会社(かいしゃ) 회사	声(こえ) 목소리	聞(き)こえる 들리다
時間(じかん) 시간	早(はや)く 빨리	寝(ね)る 자다
毎日(まいにち) 매일	ジム 체육관	地球(ちきゅう) 지구
回(まわ)る 돌다		

포인트 point

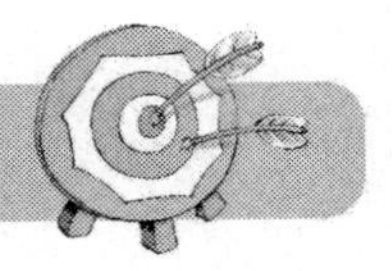

1 동사

일본어의 동사는 어미가 모두 「ウ단」음으로 끝나며, 형태적인 특징과 활용의 차이에 따라 5단(활용)동사, 1단(활용)동사, 불규칙동사의 세 종류로 나누어진다. 각각 Ⅰ류동사・Ⅱ류동사・Ⅲ류동사, 또는 Ⅰ그룹동사・Ⅱ그룹동사・Ⅲ그룹동사로 불리기도 한다.

◆ **5단동사**

어미가 「る」이외의 음으로 끝나거나, 「る」앞의 음이 ア단・ウ단・オ단인 동사로, 5단에 걸쳐 활용하는 동사이다.

買(か)う (사다)	書(か)く (쓰다)	泳(およ)ぐ (헤엄치다)	話(はな)す (이야기하다)
待(ま)つ (기다리다)	死(し)ぬ (죽다)	飲(の)む (마시다)	遊(あそ)ぶ (놀다)
ある (있다)	売(う)る (팔다)	乗(の)る (타다)	

◆ **1단동사**

어미가 「る」로 끝나고, 「る」앞의 음이 イ단음인 상1단(활용)동사와 エ단음인 하1단(활용)동사의 두 종류가 있다. イ단 또는 エ단의 각 1단에서 활용한다.

상1단동사 : 見(み)る (보다)　起(お)きる (일어나다)
하1단동사 : 寝(ね)る (자다)　食(た)べる (먹다)

◆ **불규칙동사**

어간과 어미의 구별이 안 되고 활용이 불규칙한 동사로 「来(く)る」와 「する」 두 종류가 있다.

◆ 예외적인 동사

1단동사와 같은 외형을 갖고 있으면서 5단활용을 하는 예외적인 동사로는 다음과 같은 것이 있다.

切(き)る (자르다)　　知(し)る (알다)　　入(はい)る (들어가다/들어오다)
走(はし)る (달리다)　　帰(かえ)る (돌아가다/돌아오다)

2 ～ます/～ません

「～ます」는 동사를 정중하게 표현할 때 사용하여 「～습니다」라는 뜻을 나타낸다. 「～ません」은 그 부정형으로 「～지 않습니다」라는 뜻을 나타낸다. 가까운 미래의 동작을 나타내거나 반복・습관적인 동작을 나타낸다.

あした日本へ行きます。　내일 일본에 갑니다.
私はよくテレビを見ます。　나는 자주 텔레비전을 봅니다.
今晩は勉強しません。　오늘 밤은 공부하지 않겠습니다.
私は肉は全然食べません。　나는 고기는 전혀 먹지 않습니다.

	기본형	～ます	～ません	접속 방법
5단동사	読(よ)む	読みます	読みません	ウ단을 イ단으로 고치고, 「ます/ません」을 붙인다.
1단동사	見(み)る	見ます	見ません	「る」를 빼고 「ます/ません」을 붙인다.
	寝(ね)る	寝ます	寝ません	
불규칙동사	来(く)る	来(き)ます	来(き)ません	
	する	します	しません	

3 ～ますか

「～ます」에 「か」를 붙여 의문문을 만든다.

今学期はいつ終わりますか。 이번 학기는 언제 끝납니까?

4 ～ませんか

「～ます」의 부정형 「～ません」에 「か」를 붙여 만든 부정의문형이다.

今日は会社に行きませんか。 오늘은 회사에 가지 않습니까?

5 ～する 〈종지형〉

동사의 종지형은 기본형(사전형)과 같은 형태이다.

今晩は早く寝る。 오늘밤은 일찍 잘 거야.

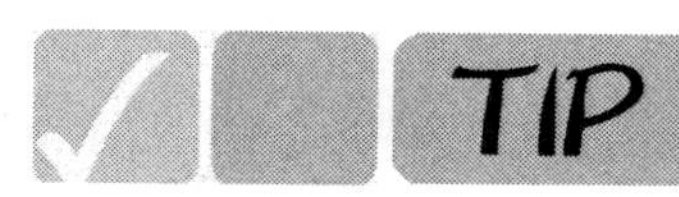

~へ

목적지(도착점)를 향한 방향을 나타낸다.

❶ 夏休(なつやす)み、国(くに)**へ**帰(かえ)ります。　여름방학에 고향에 돌아갑니다.
❷ KTX(ケーティーエックス)で大邱(テグ)**へ**行きます。　KTX로 대구에 갑니다.

~から

화자가 주체적으로 행하는 주장, 추측, 의지, 의뢰 등의 이유를 나타낸다. 또 다른 이유를 나타내는 형식 「ので」에 비해, 문말에 주관적인 표현을 수반하는 경우가 많다.

❶ 太(ふと)る**から**甘(あま)いものは食べません。　살찌니까 단 것은 안 먹습니다.
❷ お客(きゃく)さんが来ます**から**掃除(そうじ)をします。　손님이 오기 때문에 청소를 합니다.

~に

목적지(도착점)를 나타낸다.

❶ もうすぐホテル**に**着(つ)きます。　이제 곧 호텔에 도착합니다.
❷ 久(ひさ)しぶりに山**に**登(のぼ)ります。　오랜만에 산에 오릅니다.

~で

어떤 행위가 이루어지는 장소를 나타낸다.

❶ 図書館(としょかん)**で**本を読みます。　도서관에서 책을 읽습니다.
❷ 階段(かいだん)**で**おしゃべりをします。　계단에서 잡담을 나눕니다.

연습문제

1. 다음 빈칸을 채우세요.

기본형	~ます	~ません
飲む	のみます	のみません
見る		
会う		
聞く		
食べる		
帰る		
する		
泳ぐ		
来る		
死ぬ		
乗る		
起きる		
遊ぶ		
話す		
寝る		
走る		

飲(の)む 마시다　会(あ)う 만나다　聞(き)く 듣다, 묻다　帰(かえ)る 돌아가다/돌아오다
泳(およ)ぐ 헤엄치다　来(く)る 오다　死(し)ぬ 죽다　乗(の)る 타다
遊(あそ)ぶ 놀다　話(はな)す 말하다　走(はし)る 달리다

2. (　　) 안에 알맞은 조사를 골라 넣으세요.

から　　　で　　　に　　　を　　　へも

1. あしたはどこ (　　　) 行きません。

2. 毎朝7時 (　　　) 起きます。

3. 公園 (　　　) 犬と遊びます。

4. 私はよくコーヒー (　　　) 飲みます。

5. 高い (　　　) 買いません。

3. 그림을 보고 보기와 같이 밑줄부에 알맞은 말을 골라 넣어 문을 완성하세요.

勉強(べんきょう)する	ゲームをする	アルバイトをする
アイスクリームを食(た)べる	電話(でんわ)をかける	コーラを飲(の)む

보기

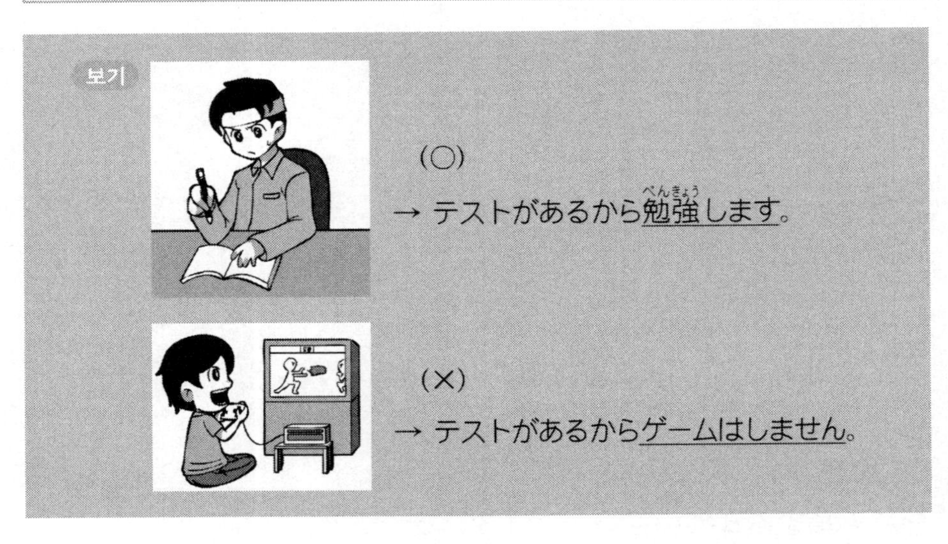

(○)

→ テストがあるから勉強(べんきょう)します。

(×)

→ テストがあるからゲームはしません。

1

(○)

➡ 暑(あつ)いから ________________

2

(×)

➡ 太(ふと)るから ________________

③ 

(×)

➡ 時間(じかん)がないから ____________________

④ 

(○)

➡ 用事(ようじ)があるから ____________________

勉強(べんきょう) 공부	ゲーム 게임	アルバイト 아르바이트
電話(でんわ)をかける 전화를 걸다	コーラ 콜라	太(ふと)る 살찌다
ない 없다	用事(ようじ) 볼일, 용무	

4. 일본어로 바꾸세요.

1. 은행은 9시에 시작합니다(始(はじ)まる).

➡ ________________

2. 매일 아침 공원을 달립니다.

➡ ________________

3. 그는 별로 걷지 않습니다(歩(ある)く).

➡ ________________

4. 내일 이메일(E(イー)メール)을 보내겠습니다(送(おく)る).

➡ ________________

5. 다음 문장을 일본어로 작문하세요.

나는 아침 7시경에 일어납니다. 먼저 세수를 합니다. 그리고 나서 30분정도 요가를 합니다. 아침은 8시경에 먹습니다. 대개 빵과 우유입니다. 하지만 바쁠 때는 아침을 먹지 않습니다.

세수를 하다 顔(かお)を洗(あら)う　**그리고 나서** それから　**요가** ヨガ
아침밥 朝(あさ)ご飯(はん)　**대개** たいてい　**우유** 牛乳(ぎゅうにゅう)

09 관련어휘 More

동사

◆ 5단동사

言う (말하다)　買う (사다)　思う (생각하다)　笑う (웃다)　使う (사용하다)

会う (만나다)　行なう (행하다)　払う (지불하다)　書く (쓰다)　行く (가다)

聞く (듣다)　歩く (걷다)　置く (두다)　着く (도착하다)　働く (일하다)

泣く (울다)　動く (움직이다)　泳ぐ (헤엄치다)　脱ぐ (벗다)　話す (이야기하다)

押す (밀다)　返す (돌려주다)　貸す (빌려주다)　消す (끄다)　持つ (들다, 갖다)

待つ (기다리다)　立つ (서다)　勝つ (이기다)　死ぬ (죽다)　飛ぶ (날다)

呼ぶ (부르다)　選ぶ (고르다)　読む (읽다)　飲む (마시다)　休む (쉬다)

住む (살다)　頼む (부탁하다)　楽しむ (즐기다)　ある (있다)　乗る (타다)

なる (되다)　売る (팔다)　作る (만들다)　怒る (화내다)　終わる (끝나다)

止まる (멈추다)　上がる (올라가다)　下がる (내려가다)　帰る (돌아가다/돌아오다)

◆ 1단동사

いる (있다)　見る (보다)　着る (입다)　起きる (일어나다)

できる (할수있다, 생기다)　借りる (빌리다)　食べる (먹다)　開ける (열다)

閉める (닫다)　教える (가르치다)　負ける (지다)　別れる (헤어지다)

◆ 불규칙동사

来る (오다)　する (하다)

昨日、日本人の友達に会いました

LESSON

10

昨日、日本人の友達に会いました

패턴 pattern

~ました

① 昨日、日本人の友達に会いました。

② 週末はアルバイトをしました。

③ このパソコンは2年前に買いました。

~ませんでした

① 昨日はあまり寝ませんでした。

② 朝ご飯は食べませんでした。

③ 休み中、あまり勉強しませんでした。

~し ~

① あしたは試験もあるし、アルバイトもあります。

② 日本では、大阪にも行きましたし、広島にも行きました。

③ A：ホームステイは楽しかったですか。

B：はい。日本語もたくさん使いましたし、料理も習いました。

～に行きます / 来ます / 出かけます

① 今からパンを買いに行きます。
② 日本から友達が旅行に来ます。
③ 今晩、彼女と食事に出かけます。

～ながら

① お茶を飲みながら話をします。
② カーナビを見ながら運転します。
③ 働きながら大学院に通います。

買(か)う 사다
たくさん 많이
旅行(りょこう) 여행
カーナビ 내비게이션
通(かよ)う 다니다
広島(ひろしま) 히로시마
使(つか)う 사용하다
彼女(かのじょ) 그녀
運転(うんてん)する 운전하다
ホームステイ 홈스테이
習(なら)う 배우다
食事(しょくじ) 식사
働(はたら)く 일하다

포 인 트 point

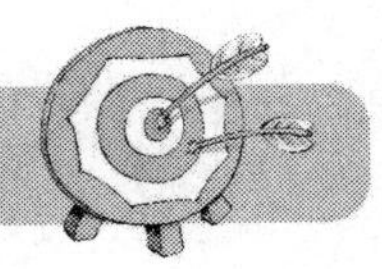

1 ～ました

「～ました(었습니다)」는 동사의 정중형 「～ます(습니다)」의 과거형이다.

昨日(きのう)、日本人(にほんじん)の友達(ともだち)に会(あ)いました。　어제 일본인 친구를 만났습니다.

2 ～ませんでした

「～ませんでした(지 않았습니다)」는 동사의 정중형 「～ます」의 과거부정형이다.

昨日はあまり寝(ね)ませんでした。　어제는 별로 자지 않았습니다.

	긍 정	부 정
현 재	書きます (씁니다)	書きません (쓰지 않습니다)
과 거	書きました (썼습니다)	書きませんでした (쓰지 않았습니다)

3 ～し、～

관련 있는 사항을 열거할 때 사용한다.

あしたは試験(しけん)もあるし、アルバイトもあります。
내일은 시험도 있고 아르바이트도 있습니다.

4 ～に 行きます/来ます/出かけます

「～に」는 뒤에 이동을 나타내는 동사「行く/来る/出かける」등을 수반하여「～(하)러 가다/오다/나가다」와 같이 목적을 나타낸다.

今(いま)からパンを買(か)いに行きます。 지금 빵을 사러 갑니다.

5 ～ながら～

두 개의 동작이 동시에 진행되는 것을 나타낸다.

お茶(ちゃ)を飲(の)みながら話(はなし)をします。 차를 마시면서 이야기를 합니다.

~に 会う/乗る

타동사의 목적어(대상)는 「を」를 취하는데 예외적으로 「会う(만나다)」「乗る(타다)」와 같이 「に」를 취하는 경우가 있다. 「~に会う(을/를 만나다)」「~に乗る(을/를 타다)」

❶ 正門の前で友達に会いました。　정문 앞에서 친구를 만났습니다.

❷ 東京から京都まで新幹線に乗りました。　도쿄에서 교토까지 신칸센을 탔습니다.

~し、~

비슷한 것을 열거하는 경우 외에 이유를 나타내는 경우도 있는데, 그밖에도 이유가 있다는 것을 암시하기도 한다.

❶ パーティーには、先生も来ますし、卒業生も来ます。
파티에는 선생님도 오고 졸업생도 옵니다.

❷ 安いし、デザインもいいし、これを買いたいです。
싸기도 하고 디자인도 좋고, 이것을 사고 싶습니다.

~に

「~(하)러」라는 목적을 나타내는 「~に」는 동사의 ます형이나 동작성 명사(買い物(쇼핑), 散歩(산책), 運動(운동), 研修(연수) 등)에 접속한다.

❶ 忘れ物を取りに戻りました。　잊어버린 물건을 가지러 돌아왔습니다/돌아갔습니다.

❷ オーストラリアへ語学研修に行きました。　호주에 어학연수하러 갔습니다.

10 연습문제

1. 보기와 같이 문을 만드세요.

보기 昨日(きのう)の晩(ばん) / 焼酎(しょうちゅう) / 飲(の)む
→ 昨日の晩、焼酎を飲みました。

1. 今朝(けさ) / 6時 / 起(お)きる

➡ ________________

2. 午前中(ごぜんちゅう) / 図書館(としょかん) / 勉強する

➡ ________________

3. 水曜日(すいようび)の夜(よる) / 本屋(ほんや) / 寄(よ)る

➡ ________________

4. 夕(ゆう)べ / お客(きゃく)さん / 来る

➡ ________________

晩(ばん) 밤, 저녁	焼酎(しょうちゅう) 소주	今朝(けさ) 오늘 아침
図書館(としょかん) 도서관	夜(よる) 밤	本屋(ほんや) 서점
寄(よ)る 들르다	夕(ゆう)べ 어젯밤, 어제 저녁	お客(きゃく)さん 손님

2. 보기와 같이 답하세요.

보기　A：予習(よしゅう)をしましたか。
　　　B：いいえ、予習はしませんでした。

1　A：日本の歌(うた)を歌(うた)いましたか。

　　B：＿＿＿＿＿＿＿＿＿＿

2　A：ニュースを見(み)ましたか。

　　B：＿＿＿＿＿＿＿＿＿＿

3　A：彼女(かのじょ)に会(あ)いましたか。

　　B：＿＿＿＿＿＿＿＿＿＿

4　A：写真(しゃしん)を撮(と)りましたか。

　　B：＿＿＿＿＿＿＿＿＿＿

予習(よしゅう) 예습　　歌(うた)う 노래하다　　ニュース 뉴스
写真(しゃしん) 사진　　撮(と)る 찍다

3. 그림을 보고 보기와 같이 문을 만드세요.

보기

→ 私は7時に起(お)きました。

1

➡ ....

2

➡ ....

3

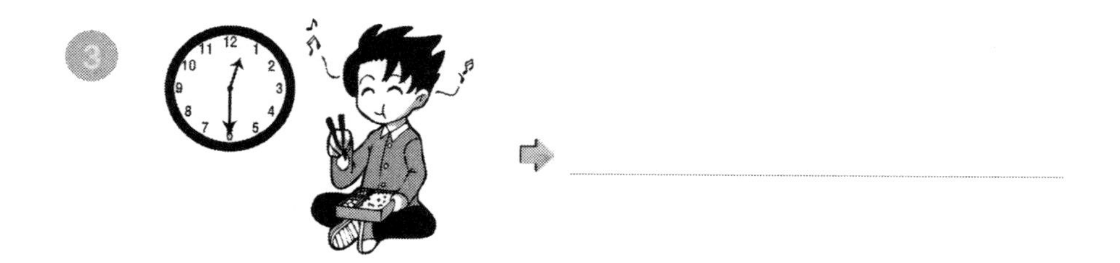

➡ ....

昼(ひる)ご飯(はん) 점심밥　　　　別(わか)れる 헤어지다

4. 일본어로 바꾸세요.

① 고등학교 때 친구와 자주 축구를 했습니다.

➡ ________________

② 오늘 아침은 샤워를 하지(シャワーを浴(あ)びる) 않았습니다.

➡ ________________

③ 인천공항에 야마다씨를 마중하러(迎(むか)える) 갑니다.

➡ ________________

④ 레시피(レシピ)를 보면서 요리(料理(りょうり))를 했습니다.

➡ ________________

5. 다음 문장을 일본어로 작문하세요.

어제 겐타로(賢太郎(けんたろう))군, 유키(勇樹(ゆうき))군과 함께 술을 마시러 갔습니다. 소주와 맥주를 많이 마셨습니다. 그 후에 노래방에 갔습니다. 유키군은 한국 노래를 잘 합니다. 밤늦게까지 노래를 불렀습니다. 11시에 버스로 집에 돌아왔습니다.

함께 いっしょに　**술** お酒(さけ)　**밤늦게** 夜遅(よるおそ)く

10 관련어휘 More

신체어휘

顔(かお) (얼굴)	目(め) (눈)	鼻(はな) (코)	口(くち) (입)
耳(みみ) (귀)	頭(あたま) (머리)	髪(かみ) (머리카락)	首(くび) (목)
肩(かた) (어깨)	胸(むね) (가슴)	背中(せなか) (등)	腰(こし) (허리)
腕(うで) (팔)	手(て) (손)	膝(ひざ) (무릎)	足(あし) (발/다리)

신체어휘 포함 관용구

顔(かお)が広(ひろ)い (발이 넓다, 교제 범위가 넓다)

鼻(はな)が高(たか)い (코가 높다, 우쭐해하다)

耳(みみ)が速(はや)い (귀가 밝다, 소식 듣는 것이 빠르다)

肩(かた)を持(も)つ (편들다, 역성들다)

腕(うで)を磨(みが)く (솜씨를 익히다, 기술을 연마하다)

手(て)に余(あま)る (힘에 벅차다)

足(あし)を洗(あら)う ((나쁜 일에서)발을 빼다, 손을 씻다)

MEMO

LESSON
11
패턴으로 배우는 일본어 입문
いっしょに
映画でも見ませんか

LESSON

11 いっしょに映画でも見ませんか

패턴 pattern

1 いっしょに ~ませんか

① いっしょに映画(えいが)でも見(み)ませんか。

② いっしょに食事(しょくじ)しませんか。

③ いっしょにヨガを習(なら)いませんか。

2 ~ましょう

① この辺(へん)で休(やす)みましょう。

② もう少(すこ)し頑張(がんば)りましょう。

③ A：みんなで手伝(てつだ)いましょう。

B：はい、そうしましょう。

3 ~ましょうか

① 何(なに)を見ましょうか。

② どこで食べましょうか。

③ そろそろ帰(かえ)りましょうか。

~は ~が 悪いんですが

① 今日(きょう)はちょっと体調(たいちょう)が悪(わる)いんですが。

② 今(いま)、ちょっとパソコンの調子(ちょうし)が悪いんですが。

③ 午前中(ごぜんちゅう)はちょっと都合(つごう)が悪いんですが、午後は大丈夫(だいじょうぶ)です。

~は いかがですか

① 韓定食(かんていしょく)はいかがですか。

② あしたはいかがですか。

③ こちらの商品(しょうひん)はいかがですか。

この辺(へん) 이쯤, 이 정도
休(やす)む 쉬다
もう少(すこ)し 좀 더
頑張(がんば)る 노력하다
みんなで 다함께
手伝(てつだ)う 돕다
そう 그렇게
そろそろ 슬슬
ちょっと 조금, 잠시
体調(たいちょう) 몸 상태, 컨디션
悪(わる)い 나쁘다
調子(ちょうし) (신체, 기계) 상태
都合(つごう) 형편, 사정
大丈夫(だいじょうぶ)だ 괜찮다
いかがですか 어떻습니까
韓定食(かんていしょく) 한정식
商品(しょうひん) 상품

1 いっしょに ~ませんか

우리말의「같이 ~(하)지 않겠습니까/않을래요?」와 같이 상대방에게 정중하게 권유할 때 사용한다.

いっしょに映画(えいが)でも見(み)ませんか。　같이 영화라도 보지 않겠습니까?

2 ~ましょう

화자가 어떤 동작을 상대방과 함께 하는 것을 전제로 하여 권유하는 표현이다.

この辺(へん)で休(やす)みましょう。　이 쯤에서 쉽시다.

3 ~ましょうか

상대방의 의향을 묻는 형태를 취해 보다 정중한 권유의 의미를 띠는 표현이 된다.

何(なに)を見ましょうか。　무엇을 볼까요?

4 ~は ~が 悪いんですが

상대방에게 어떤 상태(예를 들어, 자신의 몸 상태 또는 자신과 관련된 형편・사정 등)가 좋지 않은 것을 완곡하게 말할 때 사용한다. 일본어에서는 상대방의 권유에 응하지 못할 때 이렇게 완곡한 표현을 즐겨 사용한다.

今日(きょう)はちょっと体調(たいちょう)が悪いんですが。　오늘은 좀 몸 상태가 안 좋습니다만.

5 ~は いかがですか

상대방에게 정중하게 권유할 때 사용한다.

韓定食(かんていしょく)はいかがですか。　한정식은 어떻습니까?

TIP

~でも

그 밖에도 선택할 수 있는 사항이 있음을 암시하는데, 그 중 일례를 들어 나타낼 때 사용한다.

❶ お茶**でも**入れましょうか。 차라도 탈까요?

❷ おにぎり**でも**作りましょうか。 주먹밥이라도 만들까요?

~が、~

앞뒤의 두 문을 연결해주는 접속조사로, 단순한 접속을 나타내는 경우와 역접관계를 나타내는 경우가 있다.

❶ すみません**が**、今、何時ですか。 미안합니다만, 지금 몇 시입니까?

❷ 今日は日曜日です**が**、学校へ行きます。 오늘은 일요일입니다만, 학교에 갑니다.

~は ~が、~は ~

접속조사 「~が」를 사이에 끼워 앞뒤의 「~は」는 서로 대비되는 항목을 나타낸다.

❶ 居間**は**広いです**が**、台所**は**狭いです。 거실은 넓지만 부엌은 좁습니다.

❷ 私**は**行きます**が**、姉**は**行きません。 나는 갑니다만, 누나/언니는 안 갑니다.

11 연습문제

1. 보기와 같이 문을 만드세요.

보기 映画(えいが)を見(み)る
→ 映画でも見ませんか。

1. コーヒーを飲む

➡ ______________________

2. 散歩(さんぽ)をする

➡ ______________________

3. ケーキを食べる

➡ ______________________

4. ワインを買(か)う

➡ ______________________

散歩(さんぽ) 산책　　　　ワイン 와인

2. 보기와 같이 문을 만드세요.

보기 何 / 見る
→ 何を見ましょうか。

① タクシー / 帰(かえ)る

➡ ____________________

② 窓(まど) / 閉(し)める

➡ ____________________

③ 何時(なんじ) / 会う

➡ ____________________

④ あのレストラン / 行く

➡ ____________________

閉(し)める 닫다

3. 그림을 보고 보기와 같이 문을 만드세요.

보기 → 居間は広(ひろ)いですが、台所は狭(せま)いです。

①

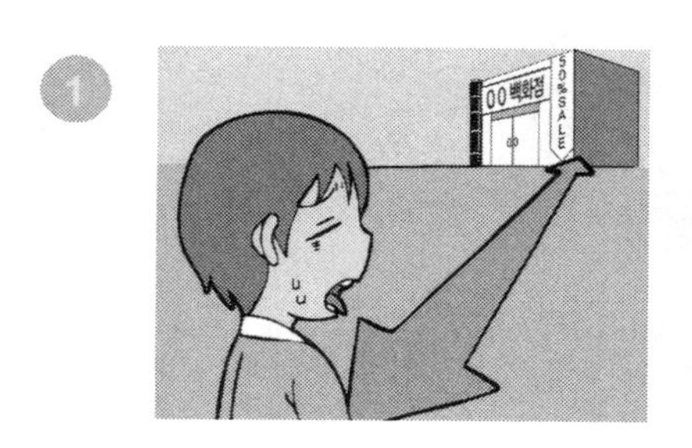

➡ ______________________________

②

➡ ______________________________

3

4

居間(いま) 거실　台所(だいどころ) 부엌　狭(せま)い 좁다　デパート 백화점
近(ちか)い 가깝다　市場(いちば) 시장　魚(さかな) 생선, 물고기
男子学生(だんしがくせい) 남학생　女子学生(じょしがくせい) 여학생
外(そと) 밖　暖(あたた)かい 따뜻하다

4. 일본어로 바꾸세요.

① 이 목걸이(ネックレス) 어때요?

➡ ________________________________

② 막걸리(マッコリ)라도 한잔(一杯(いっぱい)) 하지 않을래요?

➡ ________________________________

③ 오늘은 지하철로 갑시다.

➡ ________________________________

④ 이 가방은 크지만 가벼워서 좋습니다.

➡ ________________________________

5. 다음 문장을 일본어로 작문하세요.

민호군에게

이번 주 토요일에 시간 있습니까? 저녁 7시 스미다가와에서 불꽃놀이가 있는데요, 함께 가지 않을래요? 다른 한국인 친구도 옵니다. 모레까지 연락 부탁해요.

겐타로

스미다가와 隅田川(すみだがわ) **불꽃놀이** 花火大会(はなびたいかい) **다른** 他(ほか)の
모레 あさって **연락** 連絡(れんらく)

11 관련어휘 More

연어동사

電話(でんわ)をかける (전화를 걸다)

手紙(てがみ)を出(だ)す (편지를 부치다)

シャワーを浴(あ)びる (샤워를 하다)

お風呂(ふろ)に入(はい)る (목욕하다)

傘(かさ)を差(さ)す (우산을 쓰다)

お茶(ちゃ)を入(い)れる (차를 타다)

試験(しけん)を受(う)ける (시험을 치다)

試験(しけん)に受(う)かる (시험에 붙다)

単位(たんい)を取(と)る (학점을 따다)

年(とし)を取(と)る (나이를 먹다)

メモを取(と)る (메모를 하다)

タクシーを拾(ひろ)う (택시를 잡다)

気(き)を使(つか)う (신경을 쓰다)

気(き)を付(つ)ける (조심하다)

MEMO

中国語が習いたいです

LESSON

12 中国語が習いたいです

패턴 pattern

~が ~たいです

① 中国語(ちゅうごくご)が習(なら)いたいです。

② ポテトチップスが食べたいです。

③ 日本の漫画(まんが)が読(よ)みたいです。

~たくありません

① 今(いま)の仕事(しごと)を辞(や)めたくありません。

② いつまでも忘(わす)れたくありません。

③ 人(ひと)に頼(たの)みたくありません。

~が ほしいです

① 軽(かる)い携帯(けいたい)がほしいです。

② もっと時間(じかん)がほしいです。

③ 10万(まん)ウォンぐらいがほしいです。

~は ほしくありません

① 別(べつ)に車(くるま)はほしくありません。

② お酒(さけ)は全然(ぜんぜん)ほしくありません。

③ クレジットカードはあまりほしくありません。

~たかったんです

① 私も参加(さんか)したかったんです。

② 頂上(ちょうじょう)まで登(のぼ)りたかったんです。

③ はっきり言(い)いたかったんです。

ポテトチップス 포테이토 칩
辞(や)める 그만두다
頼(たの)む 부탁하다
~ウォン ~원
クレジットカード 신용카드
登(のぼ)る 오르다

読(よ)む 읽다
いつまでも 언제까지나, 영원히
ほしい 갖고 싶다
別(べつ)に 별로, 특별히
参加(さんか)する 참가하다
はっきり 확실히, 분명히

仕事(しごと) 일, 업무
忘(わす)れる 잊다
もっと 더욱
車(くるま) 차
頂上(ちょうじょう) 정상
言(い)う 말하다

포인트 point

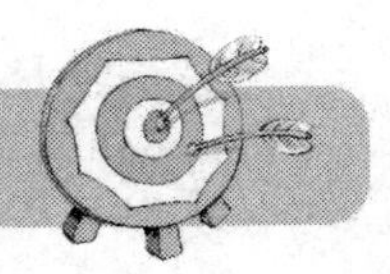

1 ～が ～たいです

「たい」는 동사의 ます형에 접속되어 말하는 이의 행위 실현에 대한 욕구, 희망을 나타낸다. 행위의 대상은 「～が」로 받는 경우가 많다.

中国語(ちゅうごくご)が習(なら)いたいです。　　중국어를 배우고 싶습니다.

2 ～たくありません

「たい」는 「い」로 끝나 イ형용사에 준하는 활용을 한다. 따라서 정중체 현재 부정형은 「～たくありません」이 된다.

今の仕事(しごと)を辞(や)めたくありません。 지금의 일을 그만두고 싶지 않습니다.

3 ～が ほしいです

「ほしい」는 뭔가를 갖고 싶어 하는 기분을 나타내는 형용사이다. 그 대상은 「が」로 받는다.

軽(かる)い携帯(けいたい)がほしいです。　　가벼운 휴대폰을 갖고 싶습니다.

4 ～は ほしくありません

뭔가를 갖고 싶어 하는 기분을 나타내는 형용사 「ほしい」를 부정하는 정중체 표현이다.

別(べつ)に車(くるま)はほしくありません。 특별히 차는 갖고 싶지 않습니다.

5 ～たかったんです

자신의 동작 상태가 실현되기를 희망하는 것을 나타내는 「たい」의 과거 정중체 표현이다.

私も参加(さんか)したかったんです。 나도 참가하고 싶었습니다.

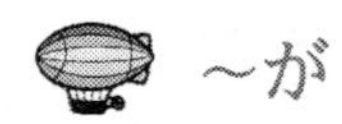

～が

말하는 이의 희망을 나타내는 「～たい」앞에서 대상을 나타낸다.

❶ また、旅行(りょこう)**が**したい。	또 여행을 하고 싶다.
❷ 冬(ふゆ)の海(うみ)**が**見(み)たい。	겨울 바다를 보고 싶다.

～に

동작의 상대를 나타낸다.

❶ アメリカの友達**に**メールを送(おく)りました。	미국의 친구에게 메일을 보냈습니다.
❷ 友達**に**自転車(じてんしゃ)を貸(か)しました。	친구에게 자전거를 빌려줬습니다.

～の/んです

「～のです」는 문말의 기본형 또는 た형에 접속되어 어떤 기정사실로 파악된 사항의 배경에 대해 화자가 설명을 가하거나 상대방에게 그 설명을 요구하는 경우에 쓰인다. 대화문에서는 매우 빈번하게 사용되는데, 「～んです」로 음이 변하는 경우가 많다.

❶ 風邪(かぜ)を引(ひ)いた**のです**。	감기 걸렸어요.
❷ 事故(じこ)で遅(おく)れた**んです**。	사고로 늦었어요.

12 연습문제

1. 보기와 같이 문을 만드세요.

보기 祖母(そぼ) / 会(あ)う
→ <u>祖母に会いたいです</u>。

① あの町(まち) / 住(す)む

➪ ______________________________

② 大学院(だいがくいん) / 進学(しんがく)する

➪ ______________________________

③ タクシー / 帰(かえ)る

➪ ______________________________

④ 彼女(かのじょ) / 結婚(けっこん)する

➪ ______________________________

住(す)む 살다　　進学(しんがく)する 진학하다　　結婚(けっこん)する 결혼하다

2. 보기와 같이 문을 만드세요.

보기　人 / 頼(たの)む (○)
→ 人に頼みたいです。

人 / 頼む (×)
→ 人に頼みたくありません。

1. スピーチ大会(たいかい) / 参加(さんか)する (○)

➡ ________________

2. 会社(かいしゃ) / 辞(や)める (×)

➡ ________________

3. 銀行(ぎんこう) / 働(はたら)く (○)

➡ ________________

4. あのチーム / 負(ま)ける (×)

➡ ________________

スピーチ大会(たいかい) 스피치대회　辞(や)める 그만두다　チーム 팀　負(ま)ける 지다

3. 그림을 보고 보기와 같이 문을 만드세요.

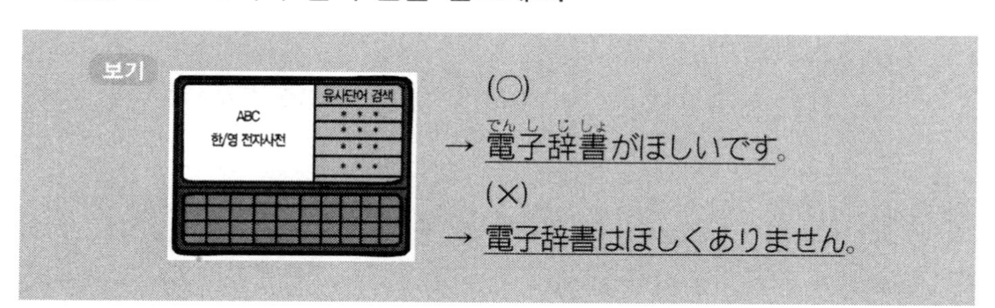

보기

(○)
→ 電子辞書(でんしじしょ)がほしいです。

(×)
→ 電子辞書はほしくありません。

① (○)
➡ ______________________

② (×)
➡ ______________________

③ (○)
➡ ______________________

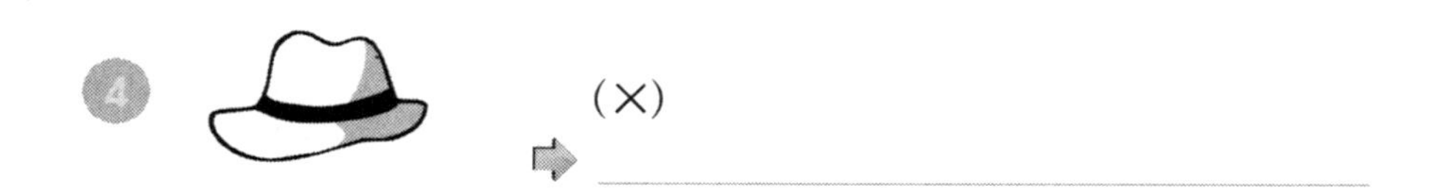

④ (×)
➡ ______________________

サングラス 선글라스

4. 일본어로 바꾸세요.

1. 일본 시골(田舎)에서 한번 홈스테이(ホームステイ)를 해보고 싶어요.

➡ ______________________________

2. 명품(ブランドもの)은 갖고 싶지 않아요.

➡ ______________________________

3. 지금은 배가 불러서(お腹がいっぱいだ) 아무것도 먹고 싶지 않아요.

➡ ______________________________

4. 그 때는 몸이 아파(体の調子が悪い) 고향(故郷)에 돌아가고 싶었습니다.

➡ ______________________________

5. 다음 문장을 일본어로 작문하세요.

도쿄는 일본의 수도로, 인구는 2010년 4월 현재 1,300만 명을 넘었습니다. 일본 전체 인구의 28%를 차지합니다. 서울에서 가까워서 비행기로 1시간 50분정도 밖에 걸리지 않습니다. 도쿄는 서울과 자매도시입니다. 나도 언젠가 한번 도쿄에서 살아보고 싶습니다.

수도 首都(しゅと)	**인구** 人口(じんこう)	**현재** 現在(げんざい)
넘다 超(こ)える	**전체** 全体(ぜんたい)	**퍼센트**(%) パーセント
차지하다 占(し)める	~**밖에** ~しか	**자매도시** 姉妹都市(しまいとし)
한번 一度(いちど)	**살다** 生活(せいかつ)する	

2 관련어휘 More

외래어

ファックス (팩스)

キャッシュコーナー (현금코너)

マンション (맨션)

ピザ (피자)

パソコン (PC)

ドア (문)

カルチャーセンター (문화센터)

シート (시트)

スケジュール (스케줄)

ニュース (뉴스)

アラーム (알람)

コミュニケーション (커뮤니케이션)

アニメーション (애니메이션)

パーティー (파티)

プリンター (프린터)

アパート (아파트)

ハンバーガー (햄버거)

スキー (스키)

エレベーター (엘리베이터)

ヨーロッパ (유럽)

マナー (매너)

プログラム (프로그램)

ホストファミリー (호스트훼밀리)

スカーフ (스카프)

トンネル (터널)

メッセージ (메시지)

コンサート (콘서트)

デパート (백화점)

図書館へ行って、本を借りました

LESSON

13 図書館へ行って、本を借りました

패턴 pattern

~て、~

① 図書館(としょかん)へ行って、本を借(か)りました。

② 会社が終(お)わって、居酒屋(いざかや)に寄(よ)りました。

③ 朝起(あさお)きて、歯(は)を磨(みが)いて、朝ご飯を食べます。

~て、~

① 熱(ねつ)を出(だ)して、学校(がっこう)を休(やす)みました。

② 駅(えき)まで歩(ある)いて行きました。

③ 浴衣(ゆかた)を着(き)て花火(はなび)を見ました。

~てください

① あとについて読(よ)んでください。

② すみません、もう一度(いちど)言(い)ってください。

③ 次(つぎ)に暗証番号(あんしょうばんごう)を押(お)してください。

～てもいいです

① 窓を開(あ)けてもいいです。
② 上着(うわぎ)を脱(ぬ)いでもいいです。
③ 鉛筆(えんぴつ)で書(か)いてもいいですか。

～てはいけません

① 遅刻(ちこく)してはいけません。
② 大きな声(こえ)で話(はな)してはいけません。
③ ここに車(くるま)を止(と)めてはいけませんか。

借(か)りる 빌리다　居酒屋(いざかや) 주점, 술집　歯(は)を磨(みが)く 이를 닦다
熱(ねつ)を出(だ)す 열이 나다　浴衣(ゆかた) 유카타　着(き)る 입다
あとにつく 뒤에 붙다, 뒤에 따르다　すみません 미안합니다　もう一度(いちど) 한번 더
次(つぎ) 다음　暗証番号(あんしょうばんごう) 비밀번호　押(お)す 누르다
上着(うわぎ) 상의, 겉옷　脱(ぬ)ぐ 벗다　鉛筆(えんぴつ) 연필
書(か)く 쓰다　遅刻(ちこく) 지각　車(くるま) 차
止(と)める 세우다

포인트 point

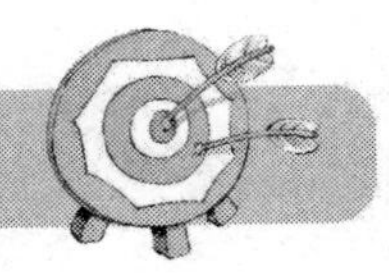

1 ～て、～ 〈열거〉

동사의 「て형」은 동작을 나타내는 둘 이상의 문을 열거하여 연속적으로 일어나는 사항을 나타낸다.

図書館(としょかん)へ行って、本を借(か)りました。 도서관에 가서 책을 빌렸습니다.

◆ て형(음편형)

동사의 ます형이 「て」에 연결될 때 발음이 변하는 현상를 음편(音便) 현상이라 하는데, 5단동사에 한해 일어나며 い음편, 촉음편, 발음편의 세 종류가 있다.

단, 「話す」와 같이 「～す」로 끝나는 5단동사의 경우는 음편현상이 일어나지 않아 ます형과 같다(話す → 話します → 話して).

음편의 종류	예	비 고
い음편 き, ぎ → い	書く → 書きます(*書きて) → 書いて 泳ぐ → 泳ぎます(*泳ぎて) → 泳いで	어미가 「ぐ」인 경우는 「て」가 「で」로 바뀜
촉음편 い, ち, り → っ	会う → 会います(*会いて) → 会って 待つ → 待ちます(*待ちて) → 待って 乗る → 乗ります(*乗りて) → 乗って	「っ」: 촉음(促音)
발음편 に, び, み→ ん	死ぬ → 死にます(*死にて) → 死んで 遊ぶ → 遊びます(*遊びて) → 遊んで 読む → 読みます(*読みて) → 読んで	「ん」: 발음(撥音) 어미가 「ぬ, ぶ, む」인 경우는 「て」가 「で」로 바뀜
예 외	行く → 行きます(*行きて) → 行って	

(현대어에서 *는 사용되지 않는다.)

1단동사와 불규칙동사는 음편현상이 일어나지 않아 て형이 ます형과 같다.

見る → 見ます → 見て　　寝る → 寝ます → 寝て
来る → 来ます → 来て　　する → します → して

2 ～て、～〈원인・이유〉

て형은 앞에서 설명한「열거」용법 외에 다음과 같이「원인・이유」를 나타내기도 한다.

熱(ねつ)を出(だ)して、学校(がっこう)を休みました。　열이 나서 학교를 쉬었습니다.

3 ～てください

앞서도 설명했듯이,「ください(주세요)」는「くださる(주시다)」의 명령형이다.「～てください((해) 주세요)」는 어떤 행위를 정중하게 지시 또는 의뢰하는 표현이 된다. 하지만 아무리 정중하게 지시・의뢰하는 표현이라 해도 명령형을 기반으로 한 표현이기 때문에 손윗사람에 대해 사용하기에는 부적합하다.

あとについて読(よ)んでください。　따라서 읽어 주세요.

4 ～てもいいです

「～(해)도 좋다」「～(해)도 된다」라는 허가, 허용의 뜻을 나타낸다. 유사 표현으로 「～てもかまいません((해)도 괜찮습니다)」가 있다.

窓を開(あ)けてもいいです。　창문을 열어도 됩니다.

5 ～てはいけません

「～(해)서는 안 된다」라는 금지의 뜻을 나타낸다. 유사표현으로 「～てはだめです((해)서는 안 됩니다)」가 있다.

遅刻(ちこく)してはいけません。　지각해서는 안 됩니다.

TIP

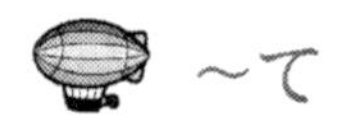

～て

동작을 열거하거나 원인・이유 외에도 수단・방법・상태 등을 나타낸다.

❶ 本を読ん**で**レポートを書きます。 책을 읽고 리포트를 씁니다.

❷ 宿題が終わっ**て**安心しました。 숙제가 끝나서 안심했습니다.

❸ バスに乗っ**て**来ました。 버스를 타고 왔습니다.

❹ あのベンチに座っ**て**話しましょう。 저 벤치에 앉아서 이야기해요.

切って / 着て, 帰って / 変えて

외형적으로 같은 「きる」 「かえる」라고 해도 동사활용의 종류에 따라 음편현상이 일어나기도 하고 일어나지 않기도 한다. 즉, 「切る(5단)」의 て형은 「切って」이나 「着る(1단)」의 て형은 「着て」이다. 「帰る(5단) → 帰って」 「変える(1단) → 変えて」도 유사 예이다.

❶ これをナイフで**切って**ください。 이것을 칼로 잘라 주세요.

❷ 黄色いシャツを**着て**いる。 노란 셔츠를 입고 있다.

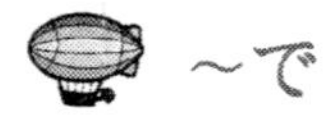

～で

명사류에 붙어 수단, 방법을 나타낸다.

❶ はさみ**で**紙を切ります。 가위로 종이를 자릅니다.

❷ 地下鉄**で**新宿まで行きます。 지하철로 신주쿠까지 갑니다.

13 연습문제

1. 다음 빈칸을 채우세요.

기본형	ます형	て형
読む	よみます	よんで
買う		
待つ		
来る		
知る		
寝る		
遊ぶ		
乗る		
死ぬ		
貸す		
食べる		
見る		
歩く		
する		
頼む		
取る		

待(ま)つ 기다리다　知(し)る 알다　貸(か)す 빌려주다　取(と)る 집다, 취하다

2. 보기와 같이 문을 만드세요.

보기 手(て)を洗(あら)う / 食事(しょくじ)をする
→ 手を洗って食事をしてください。

① シャワーを浴(あ)びる / 寝(ね)る

➡ ____________________

② くつを脱(ぬ)ぐ / 上(あ)がる

➡ ____________________

③ 歩(ある)く / 帰(かえ)る

➡ ____________________

④ 電話(でんわ)をかける / 予約(よやく)する

➡ ____________________

手(て) 손　くつ 신발　脱(ぬ)ぐ 벗다　上(あ)がる 올라오다/올라가다
予約(よやく)する 예약하다

3. 그림을 보고 보기와 같이 알맞은 동사를 골라 답하세요.

吸(す)う	撮(と)る	蹴(け)る	使(つか)う	捨(す)てる

보기

→ たばこを吸ってはいけません。

①

➡ ____________________

②

➡ ____________________

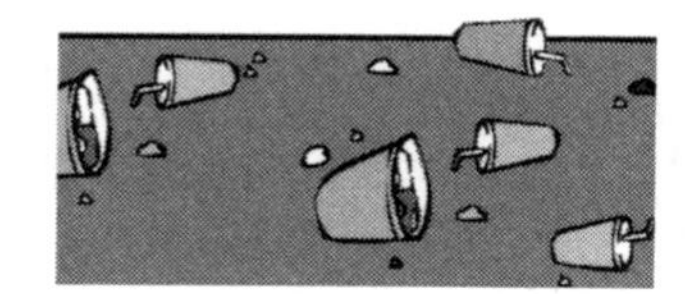

たばこを吸(す)う 담배를 피우다	足(あし) 발	蹴(け)る 차다
携帯電話(けいたいでんわ) 휴대전화	ごみ 쓰레기	捨(す)てる 버리다

4. 일본어로 바꾸세요.

1 아침에 일어나서 뉴스를 봅니다.

➡ ____________________

2 똑바로(まっすぐ) 가서 오른쪽으로 도세요(曲(ま)がる).

➡ ____________________

3 먼저(先(さき)に) 집에 가도 됩니까?

➡ ____________________

4 영화관(映画館(えいがかん))에서 팝콘(ポップコーン)을 먹어도 됩니다.

➡ ____________________

5. 다음 문장을 일본어로 작문하세요.

오늘은 이 약을 먹고 푹 쉬세요. 목욕을 해서는 안 됩니다. 샤워는 해도 괜찮습니다. 그리고 약은 식후에 드세요. 술이나 커피는 마시지 마세요.

약 薬(くすり)　**푹** ぐっすり　**식후** 食後(しょくご)

3 관련어휘 More

착탈동사

	착	탈
洋服(양복) 着物(옷) 上着(상의) シャツ(셔츠)	着る(입다)	脱ぐ(벗다)
ズボン(바지) スカート(스커트) ジンーズ(진) 靴(구두) サンダル(샌들) 靴下(양말)	はく(입다/신다)	
帽子(모자)	かぶる(쓰다)	
ネクタイ(넥타이) ベルト(벨트)	締める/する(매다/하다)	解く/外す(풀다)
時計(시계) 指輪(반지)	はめる/する(차다/끼다)	外す(풀다/빼다)
眼鏡(안경) サングラス(선글라스)	かける(쓰다)	

今、メールを書いています

LESSON

14 今、メールを書いています

패턴 pattern

1 (今)、~ています

① 今、メールを書いています。
② 今、家で休んでいます。
③ 彼は今プールで泳いでいます。

2 ~ています

① 階段にハンカチが落ちています。
② あそこに鳥が死んでいます。
③ ドアの鍵が壊れています。

3 (毎~)、~ています

① 毎日、牛乳を１リットルも飲んでいます。
② 毎週、教会に通っています。
③ 二ヶ月に一度テストを受けています。

～ています

① 彼はやせています。

② 私は父に似(に)ています。

③ この道(みち)は曲(ま)がっています。

5 もう、～ました(か) / まだ、～ていません

① A：もう夕(ゆう)ご飯(はん)を食(た)べましたか。

　B：はい、もう食べました。

② A：もう、宿題(しゅくだい)をしましたか。

　B：はい、もうしました。

③ A：図書館(としょかん)の本はもう返(かえ)しましたか。

　B：いいえ、まだ返していません。

④ A：もう彼に連絡(れんらく)しましたか。

　B：いいえ、まだ連絡していません。

プール 수영장
鳥(とり) 새
リットル 리터
教会(きょうかい) 교회
似(に)る 닮다
もう 이미, 벌써, 더
返(かえ)す 돌려주다
階段(かいだん) 계단
ドア 문
テストを受(う)ける 시험을 보다
二ヶ月(にかげつ) 2개월
道(みち) 길
まだ 아직
落(お)ちる 떨어지다
壊(こわ)れる 고장나다
毎週(まいしゅう) 매주
やせる 여위다, 살이 빠지다
曲(ま)がる 구부러지다, 돌다
夕(ゆう)ご飯(はん) 저녁밥

1 (今)、~ています 〈진행〉

「いる」가 보조동사로 쓰인 「~ている」에는 몇 가지 용법이 있다. 그 중 「書く(쓰다), 読む(읽다), 歩く(달리다), 食べる(먹다)」와 같은 동사에 붙으면 동작의 진행을 나타낸다.

書いている (쓰고 있다)	読んでいる (읽고 있다)
走っている (달리고 있다)	食べている (먹고 있다)

今、メールを書いています。　지금 메일을 쓰고 있습니다.

2 ~ています 〈상태〉

「落ちる(떨어지다), 死ぬ(먹다), 咲く(피다), 立つ(서다)」와 같은 동사에 붙으면 결과의 존속, 즉 동작 작용의 결과 생긴 상태를 나타낸다.

落ちている (떨어져 있다)	死んでいる (죽어 있다)
咲いている (피어 있다)	立っている (서 있다)

階段にハンカチが落ちています。　계단에 손수건이 떨어져 있습니다.

3 (毎~)、~ています 〈반복, 습관〉

반복해서 행해지는 습관을 나타낸다. 「毎~」와 같은 말을 자주 수반한다.

毎日、牛乳を１リットルも飲んでいます。 매일 우유를 1리터나 마시고 있습니다.

또한 반복, 습관에 준하는 직업을 나타내는 경우에도 사용한다.

父は会社の社長をしています。 아버지는 회사 사장입니다.

4 ～ています 〈원래의 상태〉

やせる(마르다), 太る(살찌다), 似る(닮다)와 같이 대상물이 처음부터 그런 상태에 있음을 나타낸다.

やせている (말랐다)　　太っている (살쪘다)　　似ている (닮았다)

彼はやせています。 그는 말랐습니다.

5 もう、～ました(か) / まだ、～ていません

「もう」는 이미 동작 작용이 완료된 것을, 「まだ」는 아직 동작 작용이 완료되지 않은 미완료 사항을 수식하는 부사이다. 우리 말에서는 미완료 사항을 「아직～(하)지 않았습니다」라고 할 수 있으나, 일본어에서는 「まだ、～ませんでした」와 같이는 사용할 수 없고 「まだ、～ていません」를 사용해야 하는 점에 주의해야 한다.

A：もう夕ご飯を食べましたか。 벌써 저녁 밥을 먹었습니까?

B：はい、もう食べました。 네, 이미 먹었습니다.

いいえ、まだ食べていません。 아니오, 아직 안 먹었습니다.

いいえ、まだ食べませんでした。(×)

TIP

～に

뒤에 수량를 나타내는 말을 수반하여 주기(週期), 양을 나타낸다.

❶ JLPTは年に２回あります。　JLPT는 1년에 2번 있습니다.

❷ この宝くじは10人に一人は当たります。　이 복권은 10명에 1명은 당첨됩니다.

～も

숫자로 나타내는 말 뒤에 붙어 「그 양이 많다」는 화자의 평가 태도를 나타낸다.

❶ この絵は100万円もします。　이 그림은 100만 엔이나 합니다.

❷ 彼は車を２台も持っています。　그는 차를 2대나 갖고 있습니다.

もう／まだ

「もう」는 동작, 변화가 이미 완료한 것을, 「まだ」는 아직 이루어지지 않은 것을 수식하는 부사이다.

❶ **もう**全部食べました。　이미 전부 먹었습니다.

❷ 授業は**まだ**終わっていません。　수업은 아직 안 끝났습니다.

14 연습문제

1. 보기와 같이 문을 만드세요.

보기　田中(たなか)さん / テレビ / 見(み)る
→ 田中さんはテレビを見ています。

① 金さん / ゲーム / する

➡ ________________

② 兄(あに) / クラシック / 聞(き)く

➡ ________________

③ 父(ちち) / スパゲッティ / 作(つく)る

➡ ________________

④ 私 / 友達(ともだち) / 待(ま)つ

➡ ________________

クラシック 클래식　　スパゲッティ 스파게티　　作(つく)る 만들다

2. 보기와 같이 답하세요.

보기
A：ご飯を食べましたか。
B：はい、<u>もう食べました</u>。

A：ご飯を食べましたか。
B：いいえ、<u>まだ食べていません</u>。

1. A：田中さんは来ましたか。

   B：はい、________________

2. A：彼に会いましたか。

   B：いいえ、________________

3. A：誕生日プレゼントを渡しましたか。

   B：はい、________________

4. A：レポートを出しましたか。

   B：いいえ、________________

誕生日(たんじょうび)プレゼント 생일선물　　渡(わた)す 주다, 건네다
レポートを出(だ)す 리포트를 내다

3. 그림을 보고 보기와 같이 밑줄부에 알맞은 말을 넣어 문을 완성하세요.

보기 今(いま)、雨(あめ)が降っています。

1. 二人(ふたり)の人(ひと)がバスを＿＿＿＿＿＿＿＿

2. 男(おとこ)の人は傘(かさ)を＿＿＿＿＿＿＿＿

3. 女(おんな)の人はかばんを＿＿＿＿＿＿＿＿

4. 男の人はジーンズを＿＿＿＿＿＿＿＿

5. 女の人は眼鏡(めがね)を＿＿＿＿＿＿＿＿

雨(あめ) 비　　ジーンズ 진, 청바지　　眼鏡(めがね) 안경

4. 일본어로 바꾸세요.

1. 그는 고등학교에서 영어를 가르치고(教える) 있습니다.

➡ ______________________________

2. 벚꽃(桜)이 예쁘게 피어 있습니다.

➡ ______________________________

3. 그는 차를 갖고 있습니다.

➡ ______________________________

4. 나는 그 노래를 알고 있습니다.

➡ ______________________________

5. 다음 문장을 일본어로 작문하세요.

우리 가족은 4명입니다. 아버지는 고등학교에서 수학을 가르치고 있습니다. 어머니는 슈퍼에서 주 3회 파트타임으로 일하고 있습니다. 언니는 컴퓨터를 배우고 있습니다. 주말에는 가족 모두 공원을 걷습니다.

가족 家族(かぞく) **수학** 数学(すうがく) **파트타임** パートタイム

4 관련어휘 More

병원 진료과목

内科(ないか) (내과) 外科(げか) (외과) 整形外科(せいけいげか) (정형외과)

小児科(しょうにか) (소아과) 歯科(しか) (치과) 眼科(がんか) (안과)

皮膚科(ひふか) (피부과) 産婦人科(さんふじんか) (산부인과) 精神科(せいしんか) (정신과)

연어 동사

熱(ねつ)を出(だ)す (열이 나다) 風邪(かぜ)を引く (감기 걸리다)

お腹(なか)を壊(こわ)す (배탈나다) けがをする (다치다)

やけどをする (데다, 화상을 입다) 鼻血(はなぢ)が出(で)る (코피나다)

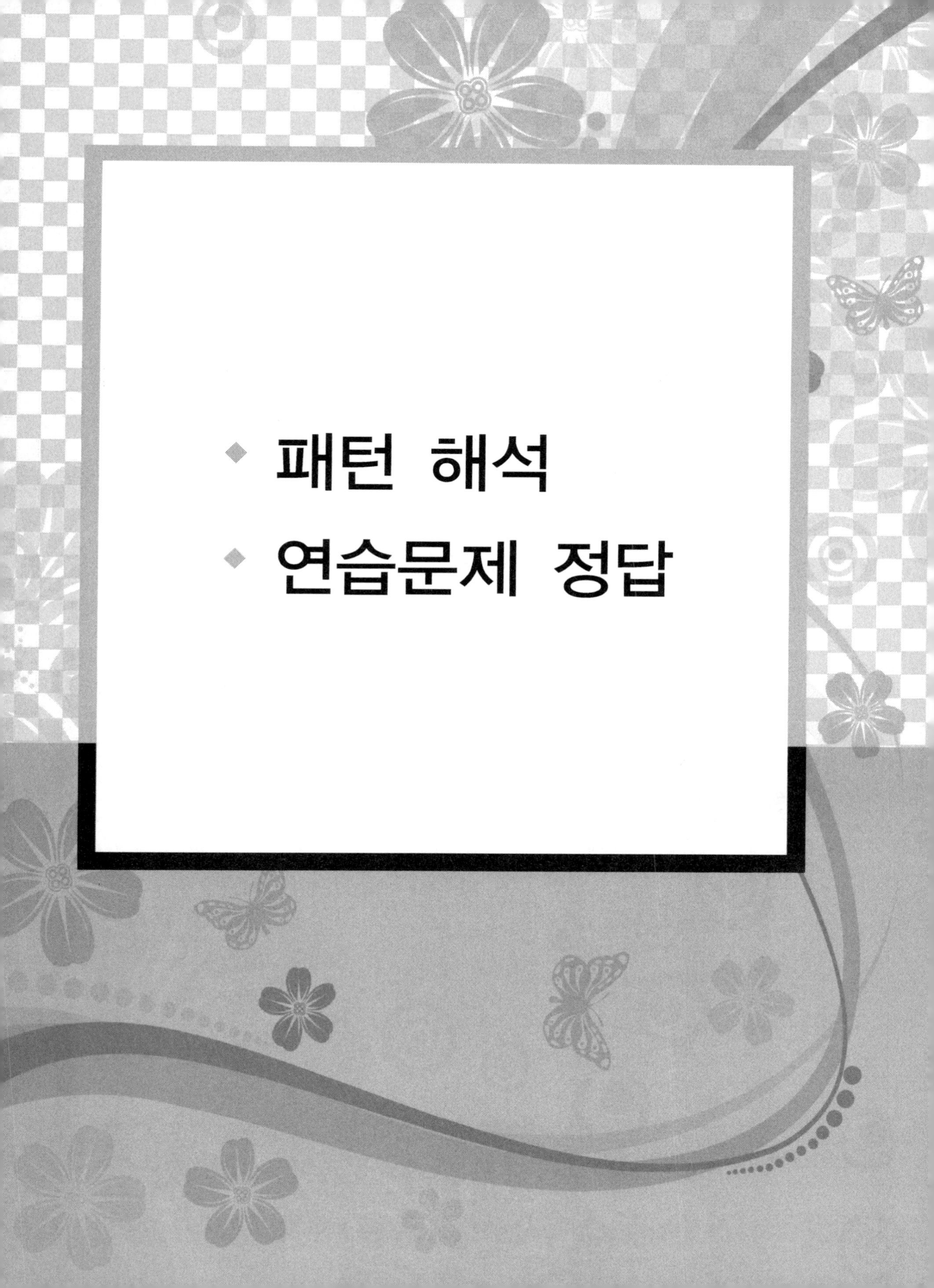

- 패턴 해석
- 연습문제 정답

LESSON 01 나는 1학년입니다

1. ① 나는 1학년입니다.
   ② 취미는 조깅입니다.
   ③ 김민호씨는 대학생입니다.

2. ① 형은 학생이 아닙니다.
   ② 전공은 일본어가 아닙니다.
   ③ 스미스씨는 미국인이 아닙니다.

3. ① 린씨는 중국인이고 유학생입니다.
   ② 박혜리씨는 영문과 3학년이고 내 친구입니다.
   ③ 요시다씨는 회화 선생님이고 일본인입니다.

4. ① 어제는 내 생일이었습니다.
   ② 지난주는 시험 기간이었습니다.
   ③ 할아버지는 의사였습니다.

5. ① 작년에는 대학생이 아니었습니다.
   ② 그저께는 휴일이 아니었습니다.
   ③ 고바야시씨는 과장이 아니었습니다.

LESSON 02 이것은 무엇입니까?

1. ① A : 이것은 무엇입니까?
      B : 그것은 오코노미야키입니다.
   ② A : 그것은 무엇입니까?
      B : 이것은 MP3입니다.
   ③ A : 저것은 무엇 입니까?
      B : 저것은 시내 관광버스입니다.

2. ① A : 여기는 무엇입니까?
      B : 여기는 학생식당입니다.
   ② A : 저기는 무엇입니까?

B : 저기는 화장실입니다.

③ A : 저기는 무엇입니까?

B : 저기는 대학원생 세미나실입니다.

3. ① A : 이 책은 무슨 책입니까?

B : 그 책은 일본어 교과서입니다.

② A : 저 사람은 누구입니까?

B : 저 사람은 친구인 아야씨입니다.

③ A : 그 우산은 누구 것입니까?

B : 이 우산은 선생님 것입니다.

4. ① A : 신간 코너는 어디입니까?

B : 카운터 옆 입니다.

② A : 복사실은 어디입니까?

B : 매점 뒤입니다.

③ A : 사무실은 어디입니까?

B : 엘리베이터 앞입니다.

LESSON 03 책상 위에 책과 노트가 있습니다

1. ① 책상 위에 책과 노트가 있습니다.

② 집 앞에 편의점과 꽃집 등이 있습니다.

③ 상자 안에 고양이가 있습니다.

④ 나무 밑에 아이가 있습니다.

2. ① 이 공원에 매점은 없습니다.

② 책상 위에 가위는 없습니다.

③ 버스 안에 외국인은 없습니다.

④ 방 안에 사람은 없습니다.

3. ① 리모컨은 소파 위에 있습니다.

② 사무실은 2층에 있습니다.

③ 아이는 나무 밑에 있습니다.

④ 선생님은 연구실에 있습니다.

4. ① A : 화장실은 어디에 있습니까?

B : 저기에 있습니다.

② A : 버스정류장은 어디에 있습니까?

B : 정문 앞에 있습니다.
③ A : 아버지는 어디에 있습니까?
B : 부엌에 있습니다.

LESSON 04 지금 몇 시 입니까?

1. ① A : 지금 몇 시 입니까?
B : 정각 1시입니다.
② A : 출발시간은 몇 시입니까?
B : 오전 9시입니다.
③ A : 친목모임은 몇 시부터입니까?
B : 오후 6시부터입니다.

2. ① A : 수험번호는 몇 번입니까?
B : 128번입니다.
② A : 스즈키씨 핸드폰은 몇 번입니까?
B : 010-914-1755입니다.
③ A : 신촌행 버스는 몇 번입니까?
B : 7713입니다.

3. ① A : 중간고사는 언제입니까?
B : 다음 주입니다.
② A : 대학축제는 언제까지입니까?
B : 내일까지입니다.
③ A : 오늘은 무슨 요일입니까?
B : 화요일입니다.
④ A : 휴일은 무슨 요일입니까?
B : 토요일과 일요일입니다.

4. ① A : 생일은 몇 월 며칠입니까?
B : 9월 20일입니다.
② A : 어린이날은 몇 월 며칠입니까?
B : 5월 5일입니다.
③ A : 일본어능력시험은 몇 월 며칠입니까?
B : 7월 4일입니다.

LESSON 05 저 영화는 재미있습니다

1. ① 저 영화는 재미있습니다.
   ② 그는 키가 큽니다.
   ③ 도쿄돔은 매우 큽니다.

2. ① 이 김치는 전혀 맵지 않습니다.
   ② 집에서 역까지는 멀지 않습니다.
   ③ 교실은 그다지 넓지 않습니다.

3. ① 어제는 더웠습니다.
   ② 데이트는 매우 즐거웠습니다.
   ③ 유카리씨의 요리는 정말 맛있었습니다.

4. ① 시험은 어렵지 않았습니다.
   ② 어제는 별로 바쁘지 않았습니다.
   ③ A : 저번 주, 도쿄는 추웠습니까?
      B : 아니오. 그렇게 춥지 않았습니다.

5. ① 이 가게는 싸고 맛있습니다.
   ② 그는 재미있고 상냥합니다.
   ③ 내 노트북은 가벼워서 좋습니다.
   ④ 한자가 많아서 어렵습니다.

LESSON 06 서울의 지하철은 편리합니다

1. ① 서울의 지하철은 편리합니다.
   ② 김민호씨 방은 깨끗합니다.
   ③ 요시다군은 축구를 잘합니다.

2. ① 이 방은 조용하지 않습니다.
   ② 요즘 우리 강아지는 기운이 없습니다.
   ③ 나는 술을 별로 좋아하지 않습니다.

3. ① 그 역무원은 매우 친절했습니다.
   ② 엄마는 젊었을 적에 예뻤습니다.
   ③ 옛날에 그 가수는 유명했습니다.

4. ① 10년 전에 여기는 교통이 편리하지 않았습니다.
② 고등학생 때는 성실하지 않았습니다.
③ 전에는 야구를 좋아하지 않았습니다.

5. ① 택배는 편리하고 빠릅니다.
② 영어 선생님은 잘생기고 재미있습니다.
③ 이 카페는 깨끗해서 좋습니다.
④ 빨간 것은 화려해서 싫습니다.

LESSON 07 야구와 축구, 어느 쪽을 좋아합니까?

1. ① 야구와 축구, 어느 쪽을 좋아합니까?
② 커피와 홍차, 어느 쪽이 좋습니까?
③ 일본어와 중국어, 어느 쪽이 어렵습니까?

2. ① 버스 보다 지하철이 빠릅니다.
② 아버지보다 내가 키가 큽니다.
③ 편의점 보다 슈퍼 쪽이 쌉니다.

3. ① 된장찌개는 김치찌개 만큼 맵지 않습니다.
② 도쿄의 겨울은 서울의 겨울 만큼 춥지 않습니다.
③ 나는 박혜리씨 만큼 일본어를 잘하지 않습니다.

4. ① 반에서 김민호씨가 제일 노래를 잘합니다.
② 일주일 중에서 무슨 요일이 가장 바쁩니까?
③ 스포츠 중에서 농구를 제일 잘합니다.

LESSON 08 아이스크림 하나 주세요

1. ① 아이스크림 하나 주세요.
② 이 양말 두 켤레 주세요.
③ 맥주 세 병 주세요.

2. ① 큰 사이즈(를) 주세요.
② 하얀 모자(를) 주세요.
③ 튼튼한 가방(을) 주세요.
④ 편리한 전자사전(을) 주세요.

3. ① 뜨거운 커피 둘, 부탁합니다.
② 계산(을) 부탁합니다.
③ 안내(를) 부탁합니다.

4. ① 데지카메란 무엇입니까?
② 에어텔이란 무엇입니까?
③ 매너모드란 무엇입니까?

LESSON 09 내일 일본에 갑니다

1. ① 내일 일본에 갑니다.
② 이제 외출할 것입니다.
③ 나는 자주 텔레비전을 봅니다.
④ 일본인은 쌀을 먹습니다.

2. ① 오늘 밤은 공부하지 않겠습니다.
② 내일은 쉬니까, 아무데도 나가지 않겠습니다.
③ 나는 고기는 전혀 먹지 않습니다.
④ 그는 별로 운동하지 않습니다.

3. ① 이번 학기는 언제 끝납니까?
② 창문에서 후지산이 보입니까?
③ 매일 아침 몇 시에 일어납니까?

4. ① 오늘은 회사에 가지 않습니까?
② 아이 목소리가 들리지 않습니까?
③ 내일은 시간이 없습니까?

5. ① 오늘 밤은 일찍 잘 것이다.
② 이제 외출할 것이다.
③ 매일 체육관에서 운동한다.
④ 지구는 돈다.

LESSON 10 어제 일본인 친구를 만났습니다

1. ① 어제 일본인 친구를 만났습니다.
② 주말에는 아르바이트를 했습니다.
③ 이 컴퓨터는 2년 전에 샀습니다.

2. ① 어제는 별로 자지 않았습니다.
② 아침밥은 먹지 않았습니다.
③ 쉬는 동안 별로 공부하지 않았습니다.

3. ① 내일은 시험도 있고 아르바이트도 있습니다.
② 일본에서는 오사카에도 갔었고 히로시마에도 갔었습니다.
③ A : 홈스테이는 즐거웠습니까?
B : 네, 일본어도 많이 사용했고 요리도 배웠습니다.

4. ① 지금 빵을 사러 갑니다.
② 일본에서 친구가 여행하러 옵니다.
③ 오늘 밤, 그녀와 식사하러 나갈 것입니다.

5. ① 차를 마시면서 이야기를 합니다.
② 내비게이션을 보면서 운전합니다.
③ 일하면서 대학원에 다닙니다.

LESSON 11 같이 영화라도 보지 않겠습니까?

1. ① 같이 영화라도 보지 않겠습니까?
② 같이 식사하지 않겠습니까?
③ 같이 요가를 배우지 않겠습니까?

2. ① 이 쯤에서 쉽시다.
② 좀 더 분발합시다.
③ A : 다 같이 도웁시다.
B : 네, 그럽시다.

3. ① 무엇을 볼까요?
② 어디에서 먹을까요?
③ 슬슬 돌아갈까요?

4. ① 오늘은 좀 몸 상태가 좋지 않습니다.
② 지금 좀 컴퓨터 상태가 좋지 않습니다만.
③ 오전 중에는 좀 형편이 좋지 않습니다만, 오후에는 괜찮습니다.

5. ① 한정식은 어떻습니까?
② 내일은 어떻습니까?

③ 이쪽 상품은 어떻습니까?

LESSON 12 중국어를 배우고 싶습니다

1. ① 중국어를 배우고 싶습니다.
   ② 포테이토 칩이 먹고 싶습니다.
   ③ 일본 만화를 읽고 싶습니다.

2. ① 지금의 일을 그만두고 싶지 않습니다.
   ② 언제까지나 잊고 싶지 않습니다.
   ③ 다른 사람에게 부탁하고 싶지 않습니다.

3. ① 가벼운 휴대폰이 있으면 좋겠습니다.
   ② 좀 더 시간이 필요합니다.
   ③ 십만 원 정도 갖고 싶습니다.

4. ① 특별히 차는 갖고 싶지 않습니다.
   ② 술은 전혀 원치 않습니다.
   ③ 신용카드는 별로 갖고 싶지 않습니다.

5. ① 나도 참가하고 싶었습니다.
   ② 정상까지 오르고 싶었습니다.
   ③ 확실히 말하고 싶었습니다.

LESSON 13 도서관에 가서 책을 빌렸습니다

1. ① 도서관에 가서 책을 빌렸습니다.
   ② 회사 끝나고 주점에 들렀습니다.
   ③ 아침에 일어나서 이를 닦고 아침밥을 먹습니다.

2. ① 열이 나서 학교를 쉬었습니다.
   ② 역까지 걸어서 갔습니다.
   ③ 유카타를 입고 불꽃놀이를 보았습니다.

3. ① 따라서 읽어 주세요.
   ② 죄송합니다, 다시 한 번 말해 주세요.
   ③ 다음에 비밀번호를 눌러 주세요.

4. ① 창문을 열어도 됩니다.
② 상의를 벗어도 됩니다.
③ 연필로 써도 됩니까?

5. ① 지각해서는 안 됩니다.
② 큰 소리로 이야기해서는 안 됩니다.
③ 이곳에 차를 세워서는 안 됩니다.

LESSON 14 지금 메일을 쓰고 있습니다

1. ① 지금 메일을 쓰고 있습니다.
② 지금 집에서 쉬고 있습니다.
③ 그는 지금 수영장에서 수영하고 있습니다.

2. ① 계단에 손수건이 떨어져 있습니다.
② 저기에 새가 죽어 있습니다.
③ 문 열쇠가 고장났습니다.

3. ① 매일 우유를 1리터나 마시고 있습니다.
② 매주 교회에 다니고 있습니다.
③ 2개월에 한번 시험을 보고 있습니다.

4. ① 그는 말랐습니다.
② 나는 아버지를 닮았습니다.
③ 이 길은 굽어 있습니다.

5. ① A : 벌써 저녁을 먹었습니까?
B : 네, 이미 먹었습니다.
② A : 벌써 숙제를 했습니까?
B : 네, 이미 했습니다.
③ A : 도서관 책은 벌써 반납했습니까?
B : 아니오, 아직 반납하지 않았습니다.
④ A : 벌써 그에게 연락했습니까?
B : 아니오, 아직 연락하지 않았습니다.

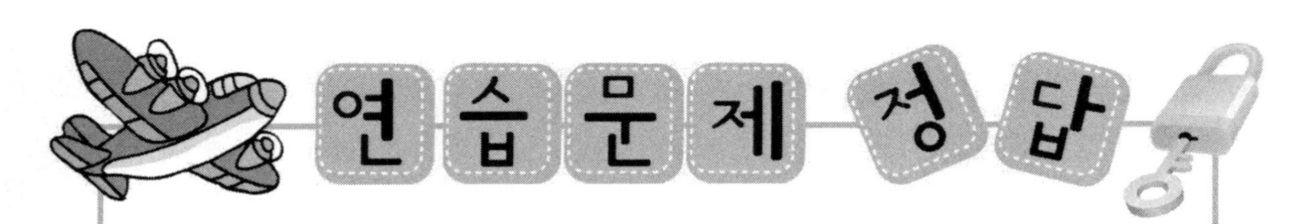

LESSON 01 나는 1학년입니다

1. ① 名前はゆりです。
   ② 専攻は経営学ではありません。
   ③ 佐藤さんは友達です。
   ④ 妹は中学生ではありません。

2. ① ブライアンさんは英会話の先生です。(브라이언씨는 영어회화 선생님입니다.)
   ② 金さんは2年生ではありません。 (김민호씨는 2학년이 아닙니다.)
   ③ アヤさんは留学生で、2年生です。 (아야씨는 유학생이고 2학년입니다.)
   ④ 弟は高校生ではありませんでした。 (남동생은 고등학생이 아니었습니다.)

3. ① アリさんはコンピュータ学科です。
   ② リンさんは経済学科です。
   ③ 田中さんは国文学科です。
   ④ 李さんは音楽学科です。

4. ① スミスさんの趣味はサッカーです。
   ② 私の専攻は日本語ではありません。
   ③ ミンスは私の弟で、高校3年生です。
   ④ リンさんも中国の留学生です。

5. 私は大学生です。韓国大学の2年生で、専攻は国文学です。私の弟は高校生で、妹は中学生です。私の趣味はバスケットボールです。弟の趣味もバスケットボールです。妹の趣味はバスケットボールではありません。インラインスケートです。

LESSON 02 이것은 무엇입니까?

1. ① それは喫茶店のポイントカードです。
   ② これは日本の納豆です。
   ③ それは電子辞書です。
   ④ あれは病院です。

2. ① ここは資料室です。
② そこは教室です。
③ あそこは売店です。
④ ここはコンピュータ室です。

3. ① それは手帳です。
② これは計算機です。
③ あれはアルバムです。

4. ① 花屋はスーパーの隣です。
② トイレ/お手洗いはどこですか。
③ このボールペンは誰のですか。
④ これは何のケーキですか。

5.

あの人はチン(陳)さんです。韓国人ではありません。中国の留学生で、経営学科の3年生です。その隣の人も留学生です。木村さんで、チンさんの友達です。木村さんの専攻は韓国語です。

LESSON 03 책상 위에 책과 노트가 있습니다

1. ① かばんの中にティッシュがあります。
② ベッドの上にノートはありません。
③ 大学の前に飲み屋はありません。
④ 椅子の下に犬がいます。

2. ① に / と / が
② は
③ の / に / は
④ に / や / などが

3. ① いません。
② 上 / あります。
③ 下 / います。
④ テレビがあります。
⑤ ベッドの上にあります。

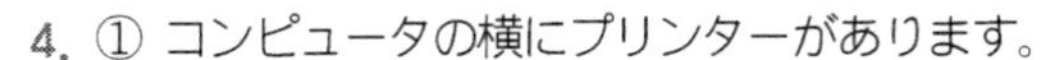

4. ① コンピュータの横にプリンターがあります。
   ② 妹は部屋に / 部屋の中にいます。
   ③ 家の近くにコンビニがありますか。
   ④ 鍵は引き出しに / 引き出しの中にあります。

5.

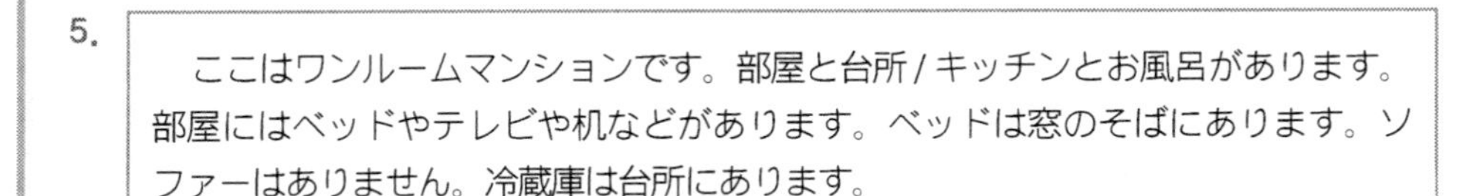

ここはワンルームマンションです。部屋と台所 / キッチンとお風呂があります。部屋にはベッドやテレビや机などがあります。ベッドは窓のそばにあります。ソファーはありません。冷蔵庫は台所にあります。

LESSON 04 지금 몇 시 입니까?

1. ① 今、7時(しちじ)です。
   ② 今、1時5分前(いちじごふんまえ)です。/ 今、12時55分(じゅうにじごじゅうごふん)です。
   ③ 今、2時半(にじはん)です。/ 今、2時30分(にじさんじっぷん/さんじゅっぷん)です。
   ④ 今、4時20分(よじにじっぷん/にじゅっぷん)です。

2. ① の / は / か
   ② の / は
   ③ は / から / まで
   ④ の / は / から / まで

3. ① 6日(むいか)です。
   ② 8日(ようか)から10日(とおか)までです。
   ③ 金曜日です。
   ④ 午後7時です。

4. ① アルバイトは金曜日から日曜日までです。
   ② 午後1時から会議があります。
   ③ 今は3時5分前です。
   ④ 子供の日は何月何日ですか。

5.

今日は4月1日月曜日です。月曜日には、会話と作文の授業があります。会話の授業は10時30分から11時45分まで、75分間です。昼休みは12時からです。作文の授業は午後3時から4時15分までです。その後は授業はありません。

LESSON 05 저 영화는 재미있습니다

1. ① はい、暑いです。
   ② いいえ、多くありません。少ないです。
   ③ はい、広いです。
   ④ いいえ、高くありません。安いです。

2. ① はい、おいしかったです。
   ② いいえ、多くありませんでした。少なかったです。
   ③ はい、楽しかったです。
   ④ いいえ、よくありませんでした。悪かったです。

3. ① 古くて汚いです。
   ② すっぱくてまずいです。
   ③ やわらかくておいしいです。
   ④ 青くて高いです。

4. ① 日本の食べ物はおいしいですか。
   ② 韓国の冬は寒かったです。
   ③ このドラマはあまり面白くありません。
   ④ 子供の時は背が高くありませんでした。

5. バーバラ先生はカナダ人で、英会話の先生です。背が高くて細いです。授業の時はやさしいですが、試験の時は厳しいです。先生の授業は面白くて楽しいです。

LESSON 06 서울의 지하철은 편리합니다

1. ① はい、便利です。
   ② いいえ、上手ではありません。下手です。
   ③ はい、きれいです。
   ④ いいえ、にぎやかではありません。静かです。

2. ① 先週は暇でした。
   ② 子供の時は絵が上手ではありませんでした。
   ③ 引っ越しは大変でした。
   ④ 高校の時は勉強が好きではありませんでした。

3. ① 元気でかわいいです。
② 上手で有名です。
③ 親切でやさしいです。
④ 静かで広いです。

4. ① 新村はいつもにぎやかです。
② 私は料理が下手 / 苦手です。
③ 大学の図書館は広くてきれいです。
④ 前は運動が好きではありませんでした。

5.

水原(スウォン)はソウルからあまり遠くありません。地下鉄で１時間くらいです。交通はとても便利です。水原華城が有名です。カルビも有名です。私は水原がとても好きです。

LESSON 07 야구와 축구, 어느 쪽을 좋아합니까?

1. ① 午前と午後と、どちらが暇ですか。
② ７月と８月と、どちらが暑いですか。
③ 飛行機と新幹線と、どちらが高いですか。
④ 試験とレポートと、どちらが大変ですか。

2. ① 私の自転車はゆりさんの自転車ほど新しくありません。
② 母は父ほどやさしくありません。
③ ピンクはグリーンほど好きではありません。
④ 平日は週末ほどにぎやかではありません。

3. ① Bより安いです。
② Aより新しいです。
③ Bさんより若いです。
④ Aよりにぎやかです。

4. ① 家族の中では弟が一番背が高いです。
② 私はすしよりカツ丼のほうが好きです。
③ 今日は昨日ほど寒くありませんね。
④ 掃除と洗濯とどちらが苦手ですか。

5.

学校の近所 / 近くにはハナ食堂とイモ食堂があります。イモ食堂のほうが安くて量が多いです。でも、ハナ食堂のほうがきれいでメニューも多いです。ハナ食堂のメニューの中で、とんかつが一番おいしいです。

LESSON 08 아이스크림 하나 주세요

1. ① ご　② ご　③ お　④ お　⑤ ご　⑥ お

2. ① 日能試とは「日本語能力試験」の略語です。
   ② 学食とは「学生食堂」の略語です。
   ③ ファミレスとは「ファミリーレストラン」の略語です。
   ④ 就活とは「就職活動」の略語です。

3. ① このボールペンを四本ください。
   ② このノートを二冊ください。
   ③ このハンカチを三枚ください。
   ④ このりんごを五個/五つください。

4. ① コーヒー二つとジュース一つください。
   ② あの方は先生のお友達ですか。
   ③ 自己紹介をお願いします。
   ④「ディカ」とは何ですか。

5.

サッカーは世界的に一番人気があるスポーツの一つです。韓国にも日本にもサッカーが好きな人が多いです。韓国にはKリーグ、日本にはJリーグがあります。Kリーグは15チーム、Jリーグは19チームで、Jリーグには韓国人の選手も数人います。

LESSON 09 내일 일본에 갑니다

1.

見る	みます	みません
会う	あいます	あいません
聞く	ききます	ききません
食べる	たべます	たべません
帰る	かえります	かえりません
する	します	しません
泳ぐ	およぎます	およぎません
来る	きます	きません
死ぬ	しにます	しにません
乗る	のります	のりません
起きる	おきます	おきません
遊ぶ	あそびます	あそびません
話す	はなします	はなしません
寝る	ねます	ねません
走る	はしります	はしりません

2. ① へも　② に　③ で　④ を　⑤ から

3. ① アイスクリームを食べます。
② コーラは飲みません。
③ アルバイトはしません。
④ 電話をかけます。

4. ① 銀行は9時に始まります。
② 毎朝公園を走ります。
③ 彼はあまり歩きません。
④ あしたEメールを送ります。

5.

私は朝７時頃起きます。まず顔を洗います。それから30分ぐらいヨガをします。朝ご飯は８時頃食べます。たいていパンと牛乳です。でも、忙しい時は朝ご飯を食べません。

LESSON 10 어제 일본인 친구를 만났습니다

1. ① 今朝、６時に起きました。
   ② 午前中、図書館で勉強しました。
   ③ 水曜日の夜、本屋へ / に寄りました。
   ④ 夕べ、お客さんが来ました。

2. ① いいえ、日本の歌は歌いませんでした。
   ② いいえ、ニュースは見ませんでした。
   ③ いいえ、彼女には会いませんでした。
   ④ いいえ、写真は撮りませんでした。

3. ① 私は8時にジョギングをしました。
   ② 私は10時から12時まで勉強しました。
   ③ 私は12時30分/半に昼ご飯を食べました。
   ④ 私は３時に木村さんと映画を見に行きました。
   ⑤ 私は６時に木村さんと別れました。

4. ① 高校の時、よく友達とサッカーをしました。
   ② 今朝はシャワーを浴びませんでした。
   ③ 仁川空港に山田さんを迎えに行きます。
   ④ レシピを見ながら料理をしました。

5.

昨日、賢太郎君、勇樹君といっしょにお酒を飲みに行きました。焼酒とビールをたくさん飲みました。その後、カラオケに行きました。勇樹君は韓国の歌が上手です。夜遅くまで歌いました。11時にバスで家に帰りました。

LESSON 11 같이 영화라도 보지 않겠습니까?

1. ① コーヒーでも飲みませんか。
   ② 散歩でもしませんか。
   ③ ケーキでも食べませんか。
   ④ ワインでも買いませんか。

2. ① タクシーで帰りましょうか。
   ② 窓を閉めましょうか。
   ③ 何時に会いましょうか。
   ④ あのレストランに行きましょうか。

3. ① デパートは遠いですが、市場は近いです。
   ② 魚は好きですが、肉は嫌い / 苦手です。
   ③ 男子学生は多いですが、女子学生は少ないです。
   ④ 外は寒いですが、中は暖かいです。

4. ① このネックレスはいかがですか。
   ② マッコリでも一杯飲みませんか。
   ③ 今日は地下鉄で行きましょう。
   ④ このかばんは大きいですが、軽くていいです。

5.

> ミンホ君へ
> 今週の土曜日、時間がありますか。夜7時に隅田川で花火大会がありますが / あるんですが、いっしょに行きませんか。他の韓国人の友達も来ます。あさってまでに、連絡をお願いします。
>
> 賢太郎

LESSON 12 중국어를 배우고 싶습니다

1. ① あの町に住みたいです。
   ② 大学院に進学したいです。
   ③ タクシーで帰りたいです。
   ④ 彼女と結婚したいです。

2. ① スピーチ大会に参加したいです。
   ② 会社を辞めたくありません。
   ③ 銀行で働きたいです。
   ④ あのチームに負けたくありません。

3. ① ノートパソコンがほしいです。
② サングラスはほしくありません。
③ 自転車がほしいです。
④ ぼうしはほしくありません。

4. ① 日本の田舎で一度ホームステイが / をしてみたいです。
② ブランドものはほしくありません。
③ 今はお腹がいっぱいで何も食べたくありません。
④ その / あの時は体の調子が悪くて故郷に帰りたかったです。

5. 東京は日本の首都で、人口は2010年４月現在、1,300万人を越えました。日本全体の人口の28%を占めます。ソウルから近くて飛行機で１時間50分ぐらいしかかかりません。東京はソウルと姉妹都市です。私もいつか一度東京で生活してみたいです。

LESSON 13 도서관에 가서 책을 빌렸습니다

1.

買う	かいます	かって
待つ	まちます	まって
来る	きます	きて
知る	しります	しって
寝る	ねます	ねて
遊ぶ	あそびます	あそんで
乗る	のります	のって
死ぬ	しにます	しんで
貸す	かします	かして
食べる	たべます	たべて
見る	みます	みて
歩く	あるきます	あるいて
する	します	して
頼む	たのみます	たのんで
取る	とります	とって

2. ① シャワーを浴びて寝てください。
② くつを脱いで上がってください。
③ 歩いて帰ってください。
④ 電話をかけて予約してください。

3. ① 前の椅子を足で蹴ってはいけません。
② 携帯電話を使ってはいけません。
③ ごみを捨ててはいけません。
④ 写真を撮ってはいけません。

4. ① 朝起きてニュースを見ます。
② まっすぐ行って、右に曲がってください。
③ 先に家に帰ってもいいですか。
④ 映画館でポップコーンを食べてもいいです。

5.

> 今日はこの薬を飲んでぐっすり休んでください。お風呂に入ってはいけません。シャワーは浴びてもいいです。それから、薬は食後に飲んでください。お酒やコーヒーは飲まないでください。

LESSON 14 지금 메일을 쓰고 있습니다

1. ① 金さんはゲームをしています。
② 兄はクラシックを聞いています。
③ 父はスパゲッティを作っています。
④ 私は友達を待っています。

2. ① もう来ました。
② まだ会っていません。
③ もう渡しました。
④ まだ出していません。

3. ① 待っています。
② 差していません。
③ 待っています。
④ はいています。
⑤ かけていません。

4. ① 彼は高校で英語を教えています。
② 桜がきれいに咲いています。
③ 彼は車を持っています。
④ 私はその歌を知っています。

5.

私の家族は４人です。父は高校で数学を教えています。母はスーパーで週３回、パートタイムで働いています。姉はコンピュータを習っています。週末には、家族みんなで公園を歩きます。

윤상실(尹相實)

- 홋카이도대학 문학박사
- 현대일본어문법 전공
- 현) 명지대학교 일어일문학과 교수
- 저서

『활용을 위한 일본어문법』 제이앤씨, 2008

『커뮤니케이션을 위한 캠퍼스 일본어 Level 1, 2』(공저) 제이앤씨, 2009, 2010

이미숙(李美淑)

- 대동문화대학 문학박사
- 대조언어학 전공
- 현) 명지대학교 일어일문학과 교수
- 저서

『와이즈 일본어 입문 1, 2』(공저) 사람in, 2009

『일본인 교사에게 자주하는 질문 100』 동양문고, 2010

미야자키 사토코(宮崎聡子)

- 오카야마대학 문학석사
- 현대일본어문법 전공
- 현) 명지대학교 일어일문학과 원어민회화교수
- 저서

『聞く・考える・話す留学生のための初級にほんご会話』(공저) スリーエーネットワーク, 2007

『커뮤니케이션을 위한 캠퍼스 일본어 Level 1, 2』(공저) 제이앤씨, 2009, 2010

패턴으로 배우는 일본어 입문

초판인쇄 2010년 8월 23일
초판발행 2010년 9월 01일

저　　자 윤상실 · 이미숙 · 미야자키 사토코
발 행 인 윤석현
발 행 처 제이앤씨
등　　록 제7-220호

주　　소 132-040 서울시 도봉구 창동 624-1 현대홈시티 102-1206
전　　화 (02) 992-3253(代)
전　　송 (02) 991-1285
전자우편 jncbook@hanmail.net
홈페이지 http://www.jncbms.co.kr
책임편집 김진화
일러스트 변아롱

ISBN 978-89-5668-806-0 13730 **정가** 14,000원

www.jncbms.co.kr에서 MP3파일을 다운로드 받으실 수 있습니다.